La sociedad actual, con su elevadísin
disfunciones que suplantan el comport
sonas, demuestra que nunca antes en la historia de la humanidad
había sido tan relevante o necesario el ministerio de liberación. La
Iglesia de hoy, con todos sus axiomas, trivialidades y su prosperidad, necesita recuperar ese poder que sacudió al mundo, liberó
a los cautivos y cambió el rumbo de la humanidad. Esta obra
de Iris y John Delgado, que busca recuperar esa autoridad para
destruir las obras del enemigo, no podía ser más útil y oportuna
para esta generación.

—Maury Davis
Pastor de la Iglesia Cornerstone

El doctor John Delgado y la doctora Iris Delgado, dos ungidos
autores, han combinado la unción que han recibido de Dios para
instruir a cada creyente sobre cómo romper el poder y la infuencia del enemigo. Hoy más que nunca la gente enfrenta ataques
espirituales, pero no sabe cómo lidiar con ellos de una manera
apropiada y equilibrada. John e Iris hablan con autoridad. Ellos
han visto estos principios obrar en sus vidas, así como en las vidas
de otros. Se trata de una obra esencial que le permitirá levantarse
y vivir con un nuevo nivel de libertad en cada aspecto de su vida.

—Dra. Naomi Dowdy
Instructora de apostolado Naomi Dowdy Mentoring and
Consulting Expastora del Trinity Christian Centre, Singapur

DESTRUYA
LAS OBRAS DEL
ENEMIGO

DESTRUYA
LAS OBRAS DEL
ENEMIGO

IRIS & JOHN DELGADO

CASA
CREACIÓN

Para vivir la Palabra

Para vivir la Palabra

MANTÉNGANSE ALERTA;
PERMANEZCAN FIRMES EN LA FE;
SEAN VALIENTES Y FUERTES.
—1 Corintios 16:13 (NVI)

Destruya las obras del enemigo por John e Iris Delgado
Publicado por Casa Creación
Miami, Florida
www.casacreacion.com
©2013 Derechos reservados

Library of Congress Control Number: 2013945741
ISBN: 978-1-62136-425-2
E-book ISBN: 978-1-62136-434-4

Desarrollo editorial: *Grupo Nivel Uno, Inc.*
Adaptación de diseño interior y portada: *Grupo Nivel Uno, Inc.*

Publicado originalmente en inglés bajo el título:
Destroy the Works of the Enemy
Publicado por Charisma House
Charisma Media Company, Lake Mary, FL 32746
©2013 by Iris and John Delgado
Todos los derechos reservados.

Visite la página web de los autores: www.crownedwithpurpose.com

Nota de la editorial: Aunque el autor hizo todo lo posible por proveer teléfonos y páginas de internet correctos al momento de la publicación de este libro, ni la editorial ni el autor se responsabilizan por errores o cambios que puedan surgir luego de haberse publicado.

Impreso en Colombia

23 24 25 26 LBS 9 8 7 6 5 4 3 2 1

Este manual está dedicado a todos aquellos que
practican el ministerio de liberación, y a todas las personas
que anhelan liberarse del poder del enemigo.
Muchas gracias a todos los hombres
y las mujeres consagrados que se mantienen frmes
en la batalla, sin temor a hacer uso de la autoridad que
Cristo delegó en todo creyente para liberar a los cautivos
de las prisiones espirituales. El ministerio de liberación
no es para todos, pero todos pueden ser
liberados del poder del enemigo.
—John e Iris Delgado

Contenido

SECCIÓN 3: EL MINISTERIO DE LIBERACIÓN

SECCIÓN 4: CÓMO VIVIR LIBRE DE
LOS ATAQUES DEL ENEMIGO

Introducción

Este manual le enseñará cómo poner en práctica la autoridad que usted ha recibido de parte de Cristo Jesús. Su intención no es ser un manual que explique con lujo de detalles todo lo relacionado con el enemigo, sino más bien un compendio que abarque buena parte de lo que usted necesita saber para mantenerse libre de los ataques de Satanás. Deseamos que mediante esta obra usted pueda entender la autoridad que ha recibido en Cristo y cómo usar ese poder de Dios para librar su vida del control del maligno. También lo inspirará a iniciar su propio estudio detallado de la Palabra de Dios, a fin de entender de manera clara las estrategias de Satanás y aprender a aplicar el poder de Dios en cada aspecto en el que se sienta dominado o confundido por el enemigo. Adicionalmente, lo ayudará a enseñar a otros a vivir en la libertad y en el poder de Dios.

La Iglesia de hoy necesita de este ministerio para liberar a las personas de toda clase de ataduras. La salvación es el primer paso. La liberación de los efectos de las iniquidades debería ser el segundo.

Estamos entrando en una etapa de gran crisis y maldad. El diablo sabe que le queda poco tiempo, y está decidido a desanimar a los cristianos que no estén frmes en Cristo. Una generación de cristianos con corazones tibios anda desesperada en busca de ayuda, dada la alarmante oleada de ataques diabólicos contra ellos y sus familias.

El poder del Espíritu Santo es uno de los mayores legados del Reino de Dios. Sin embargo, muchos cristianos no viven en la plenitud del poder del Espíritu Santo. Las fuerzas demoníacas están obrando en muchas vidas, agobiándolas con opresión y depresión.

El mundo necesita ayuda. La Iglesia necesita de este ministerio para liberar a los cautivos de sus prisiones espirituales. Como creyentes, tenemos autoridad sobre todo el poder del enemigo (Lucas 10:19). Pero, ¿qué estamos haciendo con este poder? Este libro también toca los siguientes temas:

- ¿Puede un cristiano tener espíritus malignos?
- Nuestra autoridad para vencer
- Cómo lidiar con el miedo
- Cómo liberarnos de la esclavitud
- Cómo reconocer hábitos y prácticas que atraen espíritus malignos
- Cómo colocarnos la armadura de Dios
- ¿Tiene el creyente autoridad sobre el pecado y Satanás?
- Cómo reconocer las doctrinas falsas y las verdaderas
- Cómo mantener su libertad y vivir libre
- Declaraciones poderosas para contrarrestar los ataques del enemigo
- ¿Son los espíritus malignos los causantes de todos nuestros problemas?

Demasiadas personas en el pueblo de Dios ignoran casi por completo la naturaleza de los espíritus malignos, y le temen a las cosas que están más allá del entendimiento natural del ser humano. Muchos deciden ignorar esta parte del ministerio de Dios porque no se les ha enseñado la importancia de su autoridad sobre los poderes del mal. Como resultado, multitudes de creyentes valiosos viven en un tormento innecesario, sin lograr victorias en sus vidas.

El pueblo de Dios puede vivir libre de agonía, miedos, traumas, envidia, odio, deseos, orgullo, autocompasión, adicciones, glotonería y todas las demás ataduras, opresiones e impurezas.

Los problemas internos del hombre tienen dos causas fundamentales: la primera es *la carne*, o el *viejo hombre*. Se trata de la naturaleza carnal no regenerada y rebelde del hombre, la cual es infuenciada y alimentada por Satanás. La segunda causa de sus problemas internos son los *espíritus malignos* que Satanás usa para esclavizar algunos aspectos de la *carne*, y que no dejarán de hacerlo a menos que se lo impidamos.

En muchos casos, la Iglesia ha asumido un papel más bien pasivo y una actitud derrotista ante el enemigo que gobierna este mundo. Dios le está diciendo a su Iglesia: "Levántate y domina en medio de tus enemigos".

En todas las iglesias y ministerios encontramos creyentes que están siendo atacados por espíritus de opresión y depresión. Demasiados ministros están más que dispuestos a no meterse con el diablo con tal de no tener que lidiar con los espíritus que atormentan a las personas. Pero llegará un momento en que tendrán que hacerlo si en realidad quieren ver a la gente libre de la opresión. El conocimiento de este asunto es fundamental.

Las referencias bíblicas utilizadas en este manual aumentarán su fe y le revelarán quiénes somos en Cristo, así como la manera en que podemos llegar a ser todo lo que Dios desea. Por favor, medite en cada capítulo. Pídale al Espíritu Santo que ilumine esta enseñanza sobre su espíritu y que la selle en su corazón, de manera que el enemigo no pueda arrancarla de allí.

Que el Señor lo bendiga grandemente en el inicio de este viaje hacia la libertad en Cristo Jesús. Que reciba la confanza y el valor necesarios para compartir estas verdades con otros que también puedan estar esclavizados.

"Así que, si el Hijo os libertare, seréis verdaderamente libres".

—Juan 8:36

1

El Reino de los cielos y sus privilegios

Venga tu reino.
Hágase tu voluntad,
como en el cielo,
así también en la tierra.

—Mateo 6:10

Aún recuerdo la emoción y el suspenso que sentí [Iris] cuando tenía ocho años y escuché a mi maestro de escuela dominical describir cómo sería la belleza y magnifcencia de la vida en el cielo. Recuerdo haber pensado: *¿Qué debo hacer para llegar allá?* No obstante, no recuerdo que alguien me haya explicado qué hacer mientras tanto para disfrutar de los privilegios del cielo aquí en la tierra. También recuerdo haber pasado toda la semana asustada cuando nos hablaron del inferno. Cuando crecí y tuve un mejor entendimiento del Reino de Dios y sus privilegios, así como del reino de las tinieblas y la autoridad que tiene el creyente sobre el enemigo, me sorprendió el hecho de que tantas personas no busquen entender este asunto.

Pocos cristianos han captado todo el signifcado de lo que Jesús le ofreció al mundo cuando proclamó en Mateo 3:2: "Arrepentíos, porque el Reino de los cielos se ha acercado".

Esta enseñanza es muy reveladora y necesaria, y tiene el propósito de inspirar su mente, de manera que usted entienda la importancia de ejercitar su autoridad como creyente. Deseamos también que entienda la lucha constante que enfrentamos entre el reino de la luz y el reino de las tinieblas.

El Reino de Dios comienza en la tierra

Algunos conciben el Reino de los cielos como un lugar hermoso que heredamos únicamente al morir. Pero para Jesús, este no es un lugar que estaba condicionado a la muerte para poder disfrutarlo. El Reino de los cielos comienza aquí en la tierra, y continúa durante la eternidad en el cielo. Todo el que decida entrar sin reservas al cielo puede convertirse en un ciudadano del Reino.

Juan el Bautista proclamó la venida del Reino (Mateo 3:1–2). Jesús predicó sobre el Reino durante todo su ministerio. Cuando envió a los discípulos de dos en dos, les encomendó que predicaran sobre el Reino (Lucas 10:8–9).

La mayoría de los discursos y enseñanzas de Jesús hablaban del Reino, y muchas de sus parábolas tenían la intención de describirlo. Este era su mensaje principal, y sigue siéndolo hoy. Era la noticia más maravillosa para la tierra en los tiempos del Nuevo Testamento, y aún lo es.

¿Cómo podemos convertirnos en ciudadanos del Reino?

Si escogemos vivir en este Reino, debemos aceptar a su Rey, sus leyes y sus responsabilidades. Esto genera una paz perfecta, pues nos libera de cada letra y precepto de la ley. Nos libera de la esclavitud del pecado, de la pena y del dolor; y nos hace conciudadanos con Jesús del Reino de los cielos, cuyo Rey es Jesús, su ley el amor, su bandera la cruz, y su Proveedor Dios.

¿Cómo podemos llegar a ser parte de este maravilloso lugar? Debemos mostrar una lealtad absoluta a Dios por encima de cualquier persona, organización o país de la tierra. Debemos comprometernos a obedecer a Dios antes que a los hombres.

"Si alguno quiere venir en pos de mí, niéguese a sí mismo, y tome su cruz, y sígame. Porque todo el que quiera salvar su vida, la perderá; y todo el que pierda su vida por causa de mí, la hallará.

Porque, ¿qué aprovechará al hombre, si ganare todo el mundo, y perdiere su alma? ¿O qué recompensa dará el hombre por su alma?".

—Mateo 16:24–26

Primero, debemos nacer de nuevo y comprometernos con Dios a formar parte de su Reino. El Reino de los cielos y sus maravillosos privilegios no son reconocidos ni entendidos por todos los cristianos. Nuestra mente fnita le ha puesto límites a Dios y a su Reino. Mostramos lealtad hacia cosas terrenales intrascendentes y pasajeras y, al hacerlo, desperdiciamos la oportunidad de disfrutar de las maravillas de su gran Reino desde ahora, aquí mismo en la tierra.

Solemos mostrar lealtad hacia nuestra familia, negocio, denominación, o país, limitándonos a cumplir pequeños papeles en vez del inmenso plan que Dios tiene preparado para nuestras vidas. Jesús vino a ofrecernos un estilo de vida tan amplio y maravilloso, que no nos hemos atrevido a dejar nuestras pequeñas ganancias y lealtades a fn de comprenderlo.

Los privilegios del Reino de Dios

1. Renueva nuestro entendimiento.

   "No os conforméis a este siglo, sino transformaos por medio de la renovación de vuestro entendimiento, para que comprobéis cuál sea la buena voluntad de Dios, agradable y perfecta".

   —Romanos 12:2

2. Libera al cristiano de prejuicios raciales y pretensiones de superioridad, ya que Jesús es Rey sobre toda la tierra y sobre cada hombre y mujer.

3. Libera al cristiano de la locura de la guerra, ya que este no puede luchar contra sus hermanos en Cristo, o matarlos.

4. Elimina nuestra preocupación por satisfacer nuestras necesidades básicas personales, ya que Dios ha prometido suplir todas nuestras necesidades si buscamos primero el Reino de Dios y su justicia.

   "No os afanéis, pues, diciendo: ¿Qué comeremos, o qué beberemos, o qué vestiremos? Porque los gentiles buscan todas estas cosas; pero vuestro Padre celestial sabe que tenéis necesidad de todas estas cosas. Mas buscad primeramente el Reino de Dios y su justicia, y todas estas cosas os serán añadidas".

   —Mateo 6:31-33

5. Libera al cristiano de la codicia, ya que en el Reino nadie posee nada. El creyente y todas sus posesiones le pertenecen a Dios.

6. Libera al cristiano de la mundanalidad.

"Pues, ¿qué aprovecha al hombre, si gana todo el mundo, y se destruye o se pierde a sí mismo?".

—Lucas 9:25

¿Por qué hay tanta ignorancia sobre el Reino de Dios?

¿Por qué tantos cristianos se aferran a sus pequeñas lealtades personales, si estas generan confictos entre negocios, entre iglesias, entre naciones, y entre el hombre y Dios? Básicamente, porque a los nuevos creyentes no se les han enseñado los principios y las bendiciones del Reino. Muchos líderes fruncen el ceño ante enseñanzas como la de mostrar una lealtad absoluta a Dios. Algo así amenaza el control sobre sus miembros. Los gobiernos también han tratado de acabar con esta lealtad mundial hacia Dios, y han logrado contener exitosamente al cristianismo durante décadas.

Mientras permanezcamos en la ignorancia sobre el Reino de Dios y la lealtad absoluta que le debemos, o mientras rechacemos esta verdad, continuaremos buscando infructuosamente una manera de vivir en paz y armonía.

Para entrar al Reino, debemos creer y aceptar cuatro grandes verdades:

1. Que Jesús es el Hijo de Dios (Juan 20:31).
2. La muerte de Jesús y la expiación eterna de todos nuestros pecados (Hebreos 2:17).
3. La resurrección de Jesucristo (1 Pedro 1:3).
4. La extraordinaria verdad de que Jesús envió a un Ayudador, el Espíritu Santo, el día de Pentecostés (Juan 14:26; Hechos 2:4).

No solo debemos creer que estas cosas maravillosas realmente ocurrieron, sino que ocurrieron para nuestro benefcio.

Debemos aceptar estas verdades como un regalo del amor de Dios. Debemos estar dispuestos a identifcarnos con cada uno de estos acontecimientos, de manera que podamos nacer de nuevo y convertirnos en hijos e hijas de Dios. Como hijos e hijas de Dios, debemos seguir las pisadas de Jesús e imitar su ejemplo de una vida santa y de servicio.

¿Cómo podemos alcanzar esta nueva libertad?

Solo podremos vivir en libertad con la ayuda y el poder del Espíritu Santo.

> El cristiano promedio que no posee el don del Espíritu Santo no puede ver, entender o apreciar la grandeza del Reino de los cielos.

Tampoco es capaz de considerar a los creyentes de otras denominaciones y naciones como una unidad en Cristo. Sin el Espíritu Santo, el cristiano no puede amar a sus enemigos o poner la otra mejilla.

Para poder disfrutar de nuestra experiencia como hijos de Dios, ciertamente debemos nacer de nuevo y ser transformados mediante una renovación de nuestra mente. Única y exclusivamente así, el Reino de los cielos nos parecerá posible o deseable. Solo entonces podremos entender que ante los ojos de Dios el Reino es más importante que Estados Unidos o cualquier otro país. Entenderemos que hacer el bien "a uno de estos mis hermanos más pequeños" es más importante que nuestro orgullo racial o nuestro prestigio; y que el mandamiento "no matarás" es más importante que el orgullo patrio o la supremacía militar.

El Espíritu Santo como nuestro Ayudador

El poder del Espíritu Santo obrando en el creyente es uno de los grandes privilegios del Reino de Dios. Permite que el cielo sea tanto real como glorioso. Nos brinda la dirección divina para vivir de manera victoriosa aquí en la tierra.

Si usted tiene el poder del Espíritu Santo en su vida, ¡no reprima ese poder! Permita que el Espíritu de Dios opere libremente, de manera que usted pueda convertirse en un agente efectivo del Reino de Dios aquí en la tierra.

Si usted como creyente aún no tiene este preciado don del Espíritu Santo en su vida, le recomiendo que tome la decisión de aceptarlo. *Estar lleno del poder del Espíritu Santo es la base y el corazón de la victoria del cristiano.*

"Pedro les dijo: Arrepentíos, y bautícese cada uno de vosotros en el nombre de Jesucristo para perdón de los pecados; y recibiréis el don del Espíritu Santo. Porque para vosotros es la promesa, y para vuestros hijos, y para todos los que están lejos; para cuantos el Señor nuestro Dios llamare".

—Hechos 2:38–39

Oración para recibir el Espíritu Santo

Querido Padre celestial, me acerco a ti con un corazón agradecido por el regalo de la salvación. Gracias por el deseo que hay en mí por el agua viva de tu Palabra. Me gozo enormemente en el entendimiento que estoy recibiendo sobre la importancia de tu presencia y de que tu Espíritu Santo more en mí. Gracias por hacerme entender que el fruto del Espíritu debe estar presente en mi vida para poder vivir victoriosamente.

Deseo ahora ser bautizado en el nombre de Jesucristo para el perdón de mis pecados, y acepto tu maravilloso don del Espíritu Santo. Me gozo en esta unidad con tu Espíritu Santo, que me permite entender las cosas del Espíritu de Dios. Ayúdame a no prescindir jamás de tu Espíritu Santo y a estar siempre dispuesto a confesar mis pecados.

Espíritu Santo, concédeme el honor y la libertad de orar en el Espíritu. Recibo este don preciado, y procuraré siempre darte toda la gloria y la honra que te mereces. En el nombre del Señor Jesucristo, amén.

La promesa de autoridad y poder para el creyente

2

El secreto para ejercer la autoridad delegada por Dios

Hijitos, vosotros sois de Dios,
y los habéis vencido;
porque mayor es el que está en vosotros,
que el que está en el mundo.

—1 Juan 4:4

Autoridad es poder. Es la capacidad de ejercer infuencia sobre algo o alguien. Es la autorización para llevar a cabo un mandato. Es la seguridad de poder dirigir e implementar algo. La palabra griega traducida como "poder" es *exousia*, que signifca "autoridad". Una vez que usted obtiene salvación y ha sido rescatado del reino de las tinieblas al Reino de Dios, Satanás deja de tener *autoridad* sobre su vida. Es usted quien tiene ahora la autoridad sobre Satanás y sus demonios, y no tiene que hacer nada para ganarse este derecho. Simplemente lo obtiene en el nombre de Jesús. No hay necesidad de que lo pida o lo proclame. Aunque lo haga, así crea o no en ello, como creyente usted tiene autoridad sobre el pecado y sobre todo el poder del enemigo.

> Debemos saber y recordar que esta autoridad
> que nos ha sido conferida es para dar gloria a
> Dios siempre, y jamás a nosotros mismos.

Dios el Padre ha prometido que nos apoyará cada vez que tengamos el valor de ejercer su autoridad y usar el poder que nos ha concedido sobre los poderes del enemigo. Una vez que usted dé el paso al frente como creyente y libere la Palabra de Dios sobre alguna situación particular, comenzará a participar de la promesa y el privilegio de ser coheredero con Jesucristo.

Es verdad que algunas personas tienen más autoridad que otras porque reconocen este don y lo ejercitan sin temor. También es verdad que si usted sabe que tiene autoridad sobre el enemigo, pero a pesar de eso continúa dejándole una puerta abierta, este entrará y hará valer su voluntad por sobre la suya.

La autoridad del creyente sobre el pecado y Satanás

La Biblia es clara. El cristiano nacido de nuevo tiene autoridad sobre el pecado y sobre Satanás. Jesús nos dio esa autoridad cuando dijo: "He aquí os doy potestad de hollar serpientes y escorpiones, y sobre toda fuerza del enemigo, y nada os dañará" (Lucas 10:19). Pablo amplió nuestro conocimiento de este asunto, al enseñar: "Porque el pecado no se enseñoreará de vosotros; pues no estáis bajo la ley, sino bajo la gracia" (Romanos 6:14).

No podemos caer en la trampa de creer todo lo que escuchamos y vemos que ocurre en el mundo. El Espíritu Santo nos da sabiduría para reconocer entre el engaño y la verdad. Vencer al mundo no signifca que no tendremos problemas y tribulaciones. No obstante, en medio de los desafíos y las adversidades, podemos obtener la victoria en Cristo.

"Porque todo lo que es nacido de Dios vence al mundo; y esta es la victoria que ha vencido al mundo, nuestra fe".

—1 Juan 5:4

Existen diferentes grados de autoridad, determinados por el nivel de victoria personal en la vida cristiana. Usted debe desarrollar su conocimiento y su discernimiento para entender las instrucciones del Espíritu Santo, y para saber cómo usar la autoridad que le ha sido delegada en cada situación.

La autoridad de Cristo como Conquistador sobre los espíritus malignos no es innata del creyente. Es mediante el poder del Espíritu Santo, como consecuencia de la fe, que el creyente es capaz de operar bajo esa autoridad. Es decir, usted debe vencer las fuerzas del mal que lo agobian mediante la fe en el poder del nombre de Jesús. La Palabra de Dios no dice que debemos ser espiritualmente maduros para ejercer nuestra autoridad, sino que debemos haber nacido de nuevo y creer en el Hijo de Dios.

"Hijitos, vosotros sois de Dios, y los habéis vencido; porque mayor es el que está en vosotros, que el que está en el mundo"

—1 Juan 4:4

> **Nuestra fe extiende la autoridad de Dios a cada aspecto de nuestra vida.**

El secreto para ejercer la autoridad que Dios nos ha dado y ver resultados, se encuentra en Juan 8:31–32: "Si vosotros permaneciereis en mi palabra, seréis verdaderamente mis discípulos; y conoceréis la verdad, y la verdad os hará libres".

Debido al temor y las dudas, a muchos cristianos les cuesta imaginarse haciendo uso de su autoridad para vencer los ataques del enemigo. ¿Sabe algo? No es que Satanás sea un ser todopoderoso que usa su autoridad para infundir miedo y tormentos en el pueblo de Dios; pero muchos creyentes le tienen miedo, así como a cualquier cosa que esté relacionada con los espíritus malignos. La ignorancia en este sentido mantendrá a cualquier persona alejada de todo lo que tenga que ver con el poder y la autoridad en contra del mal. Es por ello que es tan importante y necesario el discipulado en este tema.

No es nuestra intención condenar a nadie. Nuestro deseo es comunicarle conocimientos y verdades, pues sabemos que la verdad tiene poder para liberar a las personas.

La importancia de hacer un compromiso

La mayoría de las personas buscan alcanzar logros en sus vidas. Tratan de alcanzar metas, fama, fortunas, etcétera. Pero eso no es precisamente lo que Dios busca en nuestra relación con Él. Él mira nuestra fe. ¿De qué maneras logra usted *vencer* en su vida? ¿Cuántos espíritus de la carne ha logrado derrotar? ¿Se allegó a la cruz y crucifcó los deseos de la carne con Jesús?

¿Puede usted permanecer delante de la presencia de Dios completamente libre de deseos carnales, rendido completamente a Él, para que Él lo use como crea conveniente? A esto se le conoce como *compromiso total* y no es posible lograrlo si aún existe algún vestigio de actividad demoníaca en su vida. Cuando alguien está libre de toda implicación diabólica, el compromiso total se convierte en una forma de vida. Es allí cuando usted se convierte en un vencedor activo, y comienza a poseer su herencia y su libertad del control de Satanás. Comienza a llevar una vida victoriosa mediante un compromiso de fe. *Solo entonces puede ejercitar su autoridad como creyente.*

La Palabra de Dios es el único poder capaz de liberar. Dios habló y fueron creados los cielos y la tierra. La Palabra de Dios expresada a través de nuestros labios, con fe, tiene el mismo poder y autoridad para liberar.

3

Nuestra autoridad para vencer y dominar

He aquí os doy potestad de hollar
serpientes y escorpiones, y sobre toda
fuerza del enemigo, y nada os dañará.

—Lucas 10:19

Durante los últimos años, Dios ha sembrado en nuestros corazones la urgente necesidad de ministrar a aquellas personas que están bajo toda clase de ataduras. Satanás ha puesto en acción un plan siniestro para estos últimos días; y muchas personas, especialmente cristianas, no se dan cuenta de que él las está acechando. Presumen que todo lo que les ocurre simplemente tiene que ocurrirles, y lo aceptan como parte de su día a día. En muchos casos, la lista incluye persecución, opresión, enfermedades, y angustia fnanciera. Algunos tienen la falsa creencia de que los cristianos no pueden ser oprimidos por los demonios.

Pero, ¡alabado sea Dios! ¡Jesucristo pagó un gran precio para liberarnos del reino de las tinieblas y trasladarnos al reino de la luz! ¡Ahora tenemos autoridad para levantarnos y resistir al enemigo, sin que nada pueda perjudicarnos! Jesús derrotó a Satanás

29

en la cruz del Calvario y transfrió esa autoridad a cada creyente (Lucas 10:19).

Estas verdades que estamos compartiendo con usted han cambiado las vidas de muchas personas, rompiendo sus ataduras y liberándolas para vivir en aceptación y en amor. Cuando un individuo quebrantado logra entender su identidad en Cristo, queda libre de las heridas del pasado. Nosotros creemos que estas verdades sacadas de la palabra de Dios están por encima de la psiquiatría moderna, no solo porque identifcan el problema, sino porque presentan una solución.

El hombre es un espíritu
con un alma y un cuerpo

El hombre es un espíritu que posee un alma y que vive en un cuerpo. Si ignoramos esta realidad, el enfoque para resolver los problemas emocionales de los hombres será inadecuado o temporal.

No tenemos la menor duda de que el hombre espiritual requiere de respuestas espirituales. El Espíritu de Dios puede obrar dentro de un individuo y lograr una unifcación total donde antes el hombre causó separación.

Cristo es nuestra paz:

> "Porque Él es nuestra paz, que de ambos pueblos hizo uno, derribando la pared intermedia de separación, aboliendo en su carne las enemistades, la ley de los mandamientos expresados en ordenanzas, para crear en sí mismo de los dos un solo y nuevo hombre, haciendo la paz, y mediante la cruz reconciliar con Dios a ambos en un solo cuerpo, matando en ella las enemistades".
>
> —Efesios 2:14–16

Satanás fue derrotado en la cruz. Es un enemigo vencido que ha dejado sus fuerzas dispersas en el terreno. Los cristianos debemos arrebatarle a Satanás el control de nuestra tierra. Reposeer la tierra signifca enfrentar de frente al enemigo y sus obras. No puede haber concesiones en este sentido. La tierra prometida es la tierra de la victoria completa, y puede ser suya si usted está dispuesto a enfrentar todas las obras del enemigo.

No podemos culpar a Dios ni al diablo de todas nuestras adversidades

Ahora, hay algo que queremos dejar algo: nosotros no somos cazadores de demonios, y tampoco queremos que nadie se convierta en uno. Ni Dios ni Satanás son responsables de todas las cosas que les ocurren a los hombres. Tenemos libre albedrío, y muchas de las adversidades que enfrentamos ocurren porque nos las buscamos. No obstante, Satanás juega un papel vital en la vida de todo cristiano, y cuanto más rápido usted entienda esto más pronto obtendrá la victoria en Cristo. Para obtener esta libertad, usted no solo debe aprender sobre la autoridad que tiene sobre Satanás, sino también ponerla en acción continua.

El nombre de Jesucristo es su autoridad

"Por lo cual Dios también le exaltó hasta lo sumo, y le dio un nombre que es sobre todo nombre, para que en el nombre de Jesús se doble toda rodilla de los que están en los cielos, y en la tierra, y debajo de la tierra; y toda lengua confese que Jesucristo es el Señor, para gloria de Dios Padre".

—Filipenses 2: 9–11

Debemos tomar el lugar de Jesús y usar su nombre tal como si Él estuviera presente.

La autoridad de Cristo como Conquistador sobre los espíritus malignos de Satanás no es una cualidad innata del creyente. Dios nos delegó esa autoridad (Lucas 9:1; 10:19). Por medio del Espíritu Santo, y como respuesta a nuestra fe, el creyente recibe ese poder. El grado de autoridad está determinado por el grado de victoria personal que el creyente tenga en su vida.

> "Habiendo reunido a sus doce discípulos, les dio poder y autoridad sobre todos los demonios, y para sanar enfermedades".
>
> —Lucas 9:1

Su grado de autoridad está determinado por el conocimiento y el discernimiento que usted tenga, y por lo que el Espíritu Santo le revele. Usted debe tener fe en el poder del nombre de Jesús. Su fe está fundamentada en el conocimiento que logre de Cristo y de sus obras.

La sangre de Jesús es su salvaguarda y protección de los ataques de Satanás. Su Espíritu es su fortaleza y poder.

> "Pero el que se une al Señor, un espíritu es con Él".
>
> —1 Corintios 6:17

> "Para que os dé, conforme a las riquezas de su gloria, el ser fortalecidos con poder en el hombre interior por su Espíritu".
>
> —Efesios 3:16

Si tenemos sus capacidades y su poder, ¿cómo podemos fallar? Estas armas espirituales deben ser proclamadas con fe a través de su boca por medio de oración, confesión y de su autoridad.

Cada vez que se sienta agobiado y atacado por las circunstancias, es posible que se trate de una arremetida del enemigo. Los feros ataques del enemigo dejan a muchos creyentes debilitados e imposibilitados para resistir u orar sin temores. A medida que aprenda a colocarse la armadura de Dios y a entender que está literalmente recibiendo y reconociendo que Jesucristo vive en usted y que es su único Dios y Señor, comenzará a vivir y a operar en victoria, incluso en medio de los ataques diabólicos.

La autoridad del creyente es un privilegio que Dios nos ha garantizado. Sin esa autoridad, el creyente permanecería vulnerable a los ataques espirituales del reino de las tinieblas. Muchos hoy en el pueblo de Dios necesitan liberación. Nosotros no pretendemos ser unos expertos en todos los aspectos de la liberación, pero sentimos la obligación de compartir con usted algunas cosas que hemos aprendido, y que han ayudado a decenas de personas en el ministerio durante los últimos años. Le ofrecemos estas verdades como una guía para la sanación y restauración del Cuerpo de Cristo, convencidos de que podemos llegar a ser cristianos cabales, libres para relacionarnos con los demás y libres para relacionarnos con Dios.

Domine en medio de sus enemigos

El mensaje para la Iglesia hoy es: "Domina en medio de tus enemigos" (Salmos 110:2). Usted debe poner en práctica la autoridad que Jesús compró para usted en la cruz del Calvario cuando derrotó a Satanás y sus principados. Asuma la posición que le corresponde en el mundo como un vencedor bajo el mando de Jesús.

En general, muchas iglesias han adoptado una posición más bien pasiva a la hora de discipular creyentes en el tema de nuestra autoridad en Cristo Jesús. Dios le está diciendo a su Iglesia: "Levántate y domina en medio de tus enemigos". El dios de este mundo ha establecido sus reductos y autoridades en la tierra. *Una actitud pasiva y derrotista no vencerá ni conquistará.* Por tal motivo, el enemigo permanece en la tierra y el pueblo de Dios sufre. Jamás será la voluntad de Dios que su pueblo sufra la opresión de su enemigo.

Dios quiere que su pueblo sea victorioso: un ejército fuerte que domine en medio de las circunstancias, en vez de ser dominado por las circunstancias. Un pueblo determinado a hacer la voluntad de Dios. Un pueblo que busque la dirección del Espíritu Santo en vez de actuar por voluntad propia. Dios el Padre quiere que sus hijos enaltezcan el nombre del Señor, que hagan del Señor su castillo fuerte y su refugio.

> El desafío que se presenta hoy ante el cristiano es el de poseer el territorio dentro de sí: su propia alma.

"El cual nos ha librado de la potestad de las tinieblas, y trasladado al reino de su amado Hijo".

—Colosenses 1:13

Las obras de Satanás deben ser enfrentadas con una fuerza sobrenatural: la fuerza de Jesucristo en usted.

Para poseer y dominar su alma; su mente, su voluntad y sus emociones deben estar alineadas con la Palabra de Dios. Su esperanza y expectativas deben estar ancladas en Cristo. Solo así, podrá ejercer su dominio y autoridad en el nombre de Jesús. La salvación proviene de Dios.

"En Dios solamente está acallada mi alma; de Él viene mi salvación".

—Salmo 62:1

Satanás siempre tratará de apropiarse de las provisiones que Dios le ha dado al hombre. Siempre le impondrá desafíos al creyente.

No deje que su mente se mantenga pasiva

Si permite que su mente se mantenga pasiva e inactiva, sin ofrecer resistencia a los ataques del enemigo a su vida interior, usted continuará morando en la oscuridad.

> Sus pensamientos lo harán dudar o creer. Replegarse o avanzar.

Si una persona no usa su inteligencia, Dios no infuirá en ella, pero los espíritus malignos sí. Los espíritus malignos necesitan de una mente en blanco y una voluntad pasiva para someter a la gente a toda clase de ataduras. La pasividad se vence activando la mente. Tome una decisión y diga: "Yo tengo la mente de Cristo. No permitiré que ninguna fuerza externa emplee o controle mi mente".

"Porque ¿quién conoció la mente del Señor? ¿Quién le instruirá? Mas nosotros tenemos la mente de Cristo".

—1 Corintios 2:16

Tome la iniciativa en cada acción y palabra, sin depender de nadie. Ejercite su mente y permita que sea dirigida por el Espíritu Santo al pensar, razonar, recordar y entender el sacrifcio que Jesús hizo por usted. Examine la fuente de sus pensamientos. Lleve cada pensamiento cautivo a la obediencia de Cristo. Todo creyente tiene la responsabilidad de renovar su propio entendimiento.

"No os conforméis a este siglo, sino transformaos por medio de la renovación de vuestro entendimiento, para que comprobéis cuál sea la buena voluntad de Dios, agradable y perfecta".

—Romanos 12:2

Es muy importante que usted ponga su entendimiento en sintonía con su espíritu.

"Porque el ocuparse de la carne es muerte, pero el ocuparse del Espíritu es vida y paz. Por cuanto los designios de la carne son enemistad contra Dios; porque no se sujetan a la ley de Dios, ni tampoco pueden; y los que viven según la carne no pueden agradar a Dios.

Mas vosotros no vivís según la carne, sino según el Espíritu, si es que el Espíritu de Dios mora en vosotros. Y si alguno no tiene el Espíritu de Cristo, no es de Él".

—Romanos 8:6-9

Ser transformados por la renovación del entendimiento signifca alcanzar el estado más elevado que Dios ha previsto para el intelecto humano. Satanás la hará parecer como una tarea enorme, e incluso algunos podrían considerarlo un compromiso imposible, pero Dios nos ha liberado del poder de las tinieblas. Él nos ha capacitado y creado de una manera única que nos permite ser transformados si voluntariamente dejamos que nuestro intelecto sea renovado por la Palabra de Dios.

Esto podría sonarnos muy cuesta arriba, pero créanos: paso a paso, de versículo en versículo, y de oración en oración, usted comenzará a darse cuenta de que está ocurriendo una transformación. Dios nos ha trasladado a su Reino. Un cambio de propietario se ha llevado a cabo. ¡Podemos hacerlo! ¡Tenemos la autoridad!

La definición de autoridad

Autoridad es el poder que ejercen los gobernantes u otras personas en altas posiciones en virtud de su cargo (ver Efesios 1:20-23; 3:10; 6:12). La autoridad también puede defnirse como "poder para ejercer el mando, poder delegado sobre alguien, justifcación, permiso, poder legítimo, un atributo que es respetado".

Satanás ejerce una infuencia sobre la voluntad del hombre, ocasionando que haga cosas que no agradan a Dios. La voluntad del hombre es su órgano para la toma de decisiones. Según Efesios 1:17-23 y Colosenses 2:15, a la Iglesia de hoy se le ha dado la orden de dominar con Cristo en medio de sus enemigos.

¿Por qué cree usted que Dios permitió que los creyeres dispusieran de su poder? ¿Para que pudiéramos llevar la etiqueta de "cristianos poderosos llenos del Espíritu"? ¡No! ¡No! Dios nos dio autoridad para que pudiéramos permanecer libres y liberar a otros del yugo del enemigo.

La estrategia de Satanás es hacernos creer que no estamos capacitados para derribar sus fortalezas. Él también engaña a muchos haciéndoles creer que tienen que pasar años preparándose en escuelas bíblicas y en seminarios antes de atreverse a imponer las manos sobre un enfermo y pedirle a Dios que lo sane.

Todo ministro de Dios necesita instrucción y conocimiento sobre lo que la Biblia dice sobre la guerra espiritual y nuestra autoridad en el nombre de Jesús. Debemos creer que el poder de Dios para derrotar a los espíritus malignos también está activo y operativo en la vida de los creyentes.

> "Entonces llamando a sus doce discípulos, les dio autoridad sobre los espíritus inmundos, para que los echasen fuera, y para sanar toda enfermedad y toda dolencia".
>
> —Mateo 10:1

4

El poder de la armadura espiritual y la Palabra de Dios

Por lo demás, hermanos míos, fortaleceos
en el Señor, y en el poder de su fuerza.
Vestíos de toda la armadura de Dios,
para que podáis estar firmes contra
las asechanzas del diablo.
—Efesios 6:10-11

La Palabra de Dios dice claramente que no podemos permanecer ignorantes en cuanto a las artimañas de Satanás. A pesar de eso, muchos lo están, permitiéndole continuamente al enemigo que destruya sus hogares, los despoje de sus posesiones y arruine su salud, mientras ellos se preguntan impotentes cuál fue su error. Esto ocurre porque muchos cristianos no saben que han recibido autoridad sobre los poderes del enemigo para prevenir esos ataques. Otros, al enterarse de que poseen esta autoridad, fallan en ponerla en práctica.

Hemos de asumir el hecho de que tenemos que prepararnos y estar listos para enfrentar los muchos desafíos demoníacos que se nos presentan constantemente.

La enorme importancia de usar la armadura de Dios

Antes de adentrarnos en el tema de la guerra espiritual, la liberación y la autoridad para resistir a Satanás, debemos recordar algo: Satanás tiene más de seis mil años de experiencia persiguiendo y atormentando a los cristianos. *Si usted asume la tarea de resistir a Satanás sin colocarse toda la armadura de Dios, estará vencido desde antes de comenzar.* Esto es lo que ha venido ocurriendo con muchos cristianos que emprenden la batalla contra las fuerzas de las tinieblas sin la protección de su armadura espiritual. No es muy cómodo llevar la armadura puesta, pero es indispensable si desea ser efectivo. Este no es un llamado a la guerra, sino la declaración de una vida en victoria. Las instrucciones de Pablo para la iglesia de Éfeso y para nosotros en relación a la armadura, son claras y poderosas:

"Por lo tanto, pónganse todas las piezas de la armadura de Dios para poder resistir al enemigo en el tiempo del mal. Así, después de la batalla, todavía seguirán de pie, frmes. Defendan su posición, poniéndose el cinturón de la verdad y la coraza de la justicia de Dios. Pónganse como calzado la paz que proviene de la Buena Noticia a fn de estar completamente preparados. Además de todo eso, levanten el escudo de la fe para detener las fechas encendidas del diablo.

Pónganse la salvación como casco y tomen la espada del Espíritu, la cual es la palabra de Dios. Oren en el Espíritu en todo momento y en toda ocasión. Manténganse alerta y sean persistentes en sus oraciones por todos los creyentes en todas partes".

—Efesios 6:13–18, NTV

El cinturón de la verdad

"Defendan su posición, poniéndose el cinturón de la verdad" (v. 14, NTV). En los tiempos de Pablo, los soldados romanos llevaban puesta una faja de cuero alrededor de la cintura que les protegía el lomo y les permitía llevar armas, como la espada. Los policías modernos también llevan pistolas o esposas en sus cinturones. El cinturón mantiene las armas en un lugar cercano al cuerpo. El cinturón puede ser asociado a la integridad, la honestidad y la verdad. Proclamar la verdad es proclamar la Palabra de Dios. Cuando usted declara y confesa la Palabra, se está poniendo el cinturón de la verdad.

La coraza de justicia

Colocarnos la coraza de justicia es muy importante, ya que Satanás busca siempre atacar el corazón y la mente de los individuos. La justicia de Cristo en usted derrotará a Satanás vez tras vEzequiel Este es uno de los atributos divinos que nos fue otorgado con la salvación. Su indignidad es cambiada por justicia. La coraza le da confanza y seguridad al proceso de santifcación.

El calzado de la paz

"Pónganse como calzado la paz que proviene de la Buena Noticia a fn de estar completamente preparados" (v. 15, NTV). La paz de Dios nos provee de un piso sólido. Muchos cristianos carecen de paz, y piensan que eso forma parte de la cruz que deben cargar en la vida. Nadie es inmune a las pruebas y las tribulaciones. La oscuridad y el miedo nos atacan a todos por igual. Pero debemos ser cautelosos de no confesar o expresar todos nuestros miedos. El enemigo está pendiente de su confesión para poder tener así el derecho de atacarlo. Más bien, confese la Palabra de Dios y no permita que la paz lo abandone. Esta es una parte necesaria de la armadura. Tener paz mental en medio de los problemas es una de las mayores armas en la guerra espiritual. Es la actitud que usted debe tener. Dios ha prometido que jamás nos abandonará. Cristo nos ha dado su paz.

El escudo de la fe

"Levanten el escudo de la fe para detener las fechas encendidas del diablo" (v. 14, ntv). Su fe es el escudo protector de los intensos dardos y asaltos del enemigo. El escudo de la fe es la omnipresencia soberana de Dios en su vida. Dios ha prometido: "Yo soy tu escudo, y tu galardón será sobremanera grande" (Génesis 15:1). Dios requiere que tengamos una comunión diaria con Él y con su Espíritu, y que dependamos de Él. Al igual que el alimento, Dios debe convertirse en su sustento diario y su misma vida. Levante el escudo de la fe cada día, y confese y declare su unión con Cristo. Él es su protección.

El casco de la salvación

"Pónganse la salvación como casco" (Efesios 6:17, ntv). El casco sirve para proteger la cabeza. En este versículo, el propósito del casco como parte de la armadura es proteger su mente de las mentiras del enemigo. Estamos en una guerra espiritual. Dios sabe que sin una protección constante de nuestros pensamientos podríamos terminar teniendo lealtades divididas, y sabemos cuán aborrecible es eso para Él. La mente que está controlada por el Espíritu de Dios produce vida y paz (Romanos 8:6–7). Mantenga lejos de su mente los pensamientos del diablo poniéndose en la mente de Cristo. Esto se logra mediante el estudio y meditación en la Palabra de Dios. Cristo es su salvación. ¡Este elemento de la armadura, el casco de la salvación, también es Cristo en usted!

La espada del Espíritu

"Y tomen la espada del Espíritu, la cual es la palabra de Dios" (Efesios 6:17, ntv). Tomar la Palabra de Dios es tomar el alimento espiritual. Sin ella estaríamos anémicos, débiles, y sin fuerzas para levantar la espada del Espíritu y enfrentar al invasor. Sin espada no hay poder. Cuanto más reciba de la Palabra, más confanza y fuego tendrán sus huesos. La Palabra viva es un arma ofensiva. En el momento en que usted eleva la espada del Espíritu y pronuncia un texto de las Escrituras ante una situación adversa, el enemigo tiene que sacar sus manos de donde las tiene metidas. Esta convicción requiere de valor y de práctica.

Háblele a su montaña. Declárele la Palabra a su enfermedad. Use cada día su espada, pero asegúrese de tener puestas todas las demás partes de la armadura. Su ser espiritual debe tener todo en orden y listo para la batalla. Es más fácil de lo que a usted le parece. Lo único que se necesita es la voluntad de entregarse completamente al MaestRomanos Vivir por fe y creer en Dios debe convertirse en su estilo de vida. Solo así usted disfrutará de paz y obtendrá la victoria en la vida. La Palabra de Dios sana y restaura a medida que va penetrando, eliminando todas las impurezas ocasionadas por las experiencias pasadas y las falsas doctrinas.

Es el Espíritu Santo el que hace uso de la espada. Sin el Espíritu Santo, la espada no será efectiva. Debemos ser controlados por el Espíritu para ser efectivos en la batalla. Cuando usted usa correctamente la espada del Espíritu, que es la Palabra de Dios, lo único que le queda a Satanás es retirarse.

Orar en el Espíritu

"Oren en el Espíritu en todo momento y en toda ocasión. Manténganse alerta y sean persistentes en sus oraciones por todos los creyentes en todas partes" (v. 18, ntv). La oración es lo que mantiene a la armadura en su lugar. Si no oramos y nos comunicamos con Dios terminaremos solitarios, separados de Dios y de su amor. Mientras mantengamos una relación con Cristo, en conexión con el Espíritu Santo, vestidos con la armadura de Dios y comprometidos a llevar una vida de oración, seremos invencibles ante la vista del enemigo. Ninguna fuerza maligna podrá permanecer en nuestra misma atmósfera. La perseverancia en la oración lo ayudará a obtener la victoria sobre sus deseos carnales. Sin oraciones fervientes y constantes, usted no será capaz de ganar sus batallas. Las oraciones de una mujer o de un hombre justo son poderosas y efectivas (Santiago 5:16). La oración poderosa hará que Dios cumpla su Palabra en su vida.

Oración para colocarse la armadura de Dios

Querido Padre celestial: Gracias por la protección que me has dado en virtud de mi relación con Cristo.

Me pongo el cinturón de la verdad, para que protejas mi vida, así como la de mis seres amados. Pon en mí el deseo por la verdad en la Palabra de Dios. Ayúdame a nunca dejarme engañar por las mentiras del enemigo y a vivir siempre con integridad.

Me coloco la coraza de justicia. Gracias, Espíritu Santo, por tu poder en mí, que me ayuda a permanecer frme en mis palabras, pensamientos y acciones. Ahora entiendo que mi éxito depende de que permanezca frme en mi llamado como hijo de Dios. Me niego a permanecer pasivo, y estoy consciente de que mi victoria depende de que Cristo ocupe el primer lugar en mi vida.

Me pongo el calzado de la paz. Gracias, Señor, por tu promesa de Juan 14:27: "La paz os dejo, mi paz os doy". No temeré, pues sé que tu paz está siempre conmigo.

Padre, tú cubres a los justos con el escudo de tu favor (Salmos 5:12). Tu protección me hace confar en que independientemente de lo que pueda traer la batalla, tú me sostendrás con la diestra de tu justicia.

Levanto el escudo de la fe, convencido de que tu infuencia divina siempre actúa a mi favor. Eres tú, Jehová, quien por amor detiene todas las estrategias de Satanás en mi contra. Permanezco confado de que tu poder es mayor que el poder del enemigo. Ejercito mi fe y resisto al diablo confado en que huirá.

Me coloco ahora el casco de la salvación, para resistir los enardecidos ataques y las mentiras del enemigo contra mi mente y mis pensamientos. Gracias, Señor Jesús, por haberte convertido voluntariamente en nuestra salvación. Ahora puedo declarar que tengo la mente de Cristo (1 Corintios 2:16).

Empuño la espada del Espíritu, que es la Palabra de Dios. Gracias, Espíritu Santo, por enseñarme cómo estudiar la Palabra de Dios y meditar en ella. Gracias por revelar sabiduría y entendimiento. Ayúdame a mantener la disciplina y el compromiso en el estudio de tu Palabra. La Palabra de Dios está viva, y es más poderosa y cortante que una espada de dos flos. Me libera de las fortalezas del enemigo (Hebreos 4:12).

Oraré en el Espíritu en todo momento. Espíritu Santo, deseo orar en el Espíritu, y poder hacerlo en todo momento. Gracias por enseñarme cómo permanecer alerta y a saber cuándo el enemigo está buscando interferir en mi vida. Tú has prometido no abandonarnos jamás. Decido obedecer tu Palabra y ser dirigido por tu Espíritu. Retomo todo el territorio que le he cedido al enemigo por culpa de mis pecados, transgresiones e ignorancia. Me acerco a ti, Espíritu Santo, y te agradezco por enseñarme a orar en el Espíritu. En el maravilloso nombre de Jesús, amén.

> Dicho de una manera sencilla,
> la armadura descrita en Efesios 6
> es Jesucristo en nosotros.

Transformado por la Palabra de Dios

La Palabra de Dios es tan poderosa, que puede transformar a un hombre degenerado en un hombre nuevo. Esto sería imposible de lograr a través de la infuencia o el poder humano. Pedro lo confrma al escribir: "Siendo renacidos, no de simiente corruptible, sino de incorruptible, por la palabra de Dios que vive y permanece para siempre" (1 Pedro 1:23).

Los siguientes pasajes ratifcan la importancia de ser transformados por la Palabra de Dios. Tome en cuenta si está usted aplicando cada uno de estos principios espirituales a su propia transformación espiritual.

1. La Palabra purifca mi corazón y mi alma.

"Santifícalos en tu verdad; tu palabra es verdad".

—Juan 17:17

"Maridos, amad a vuestras mujeres, así como Cristo amó a la Iglesia, y se entregó a sí mismo por ella, para santifcarla, habiéndola purifcado en el lavamiento del agua por la Palabra, a fn de presentársela a sí mismo, una Iglesia gloriosa, que no tuviese mancha ni arruga ni cosa semejante, sino que fuese santa y sin mancha".

—Efesios 5:25–27

2. La palabra es poderosa y puede sanarme.

"Envió su palabra,
y los sanó, y los libró de su ruina".

—Salmos 107:20

"Porque son vida a los que las hallan, y medicina a todo su cuerpo".

—Proverbios 4:22

3. La Palabra me da vida.

"De cierto, de cierto os digo: El que oye mi palabra, y cree al que me envió, tiene vida eterna; y no vendrá a condenación, mas ha pasado de muerte a vida".

—Juan 5:24

4. La Palabra en la que creo, puede vivifcarme.

"Si anduviere yo en medio de la angustia, tú me vivifcarás; contra la ira de mis enemigos extenderás tu mano, y me salvará tu diestra".

—Salmos 138:7

5. La Palabra consuela y ofrece una esperanza segura.

"Porque las cosas que se escribieron antes, para nuestra enseñanza se escribieron, a fn de que por la paciencia y la consolación de las Escrituras, tengamos esperanza".

—Romanos 15:4

En el principio Dios habló y creó los cielos y la tierra. Dios nos dio dominio y autoridad para proclamar su Palabra y ver resultados. Por fe, podemos ordenarles a los espíritus malignos, a las enfermedades, y a toda clase de impedimentos demoníacos, que se aparten de nosotros; y ellos deben obedecer. Estas palabras, pronunciadas por nuestros labios en la fe, tienen el mismo poder y capacidad que tuvieron en los labios de Jesús.

El cristiano contra los espíritus malignos

La liberación de espíritus malignos es uno de los temas más controversiales entre los cristianos. La pregunta que se hace la gente es: "¿Puede un cristiano estar poseído por demonios?".

Esta pregunta surgió hace algunos años, cuando algunas iglesias denominacionales comenzaron a enseñar que los cristianos nacidos de nuevo no podían estar poseídos por demonios. Y en cierta medida tenían razón. El problema era que llegaban hasta ahí, y dejaban por fuera el aspecto más importante del tema: que *los cristianos pueden ser oprimidos, agobiados y afigidos por los demonios.*

El enemigo estaría encantado de que creyéramos que los demonios no pueden infuir en la vida de un cristiano convertido. Esta es una de las maneras más sutiles que Satanás tiene de engañar a las personas. Él hace que los cristianos crean que son inmunes a los ataques demoníacos y, en el proceso, usa a sus demonios para destrozarles la vida.

Muchos cristianos sufren en sus vidas de miedo, opresión, dominación, enfermedades y pobreza, e incluso se sienten derrotados. Dios ordenó a los creyentes que vivieran bajo el pacto de la fe y que disfrutaran de paz, amor, gozo, salud divina y victoria.

No hay un solo pasaje en las Escrituras que enseñe que los espíritus malignos son expulsados automáticamente cuando la persona se convierte. Los demonios que habitan en la persona al momento de alcanzar la salvación simplemente permanecen inactivos durante un tiempo. Si la persona no se desarrolla espiritualmente, permanecen inactivos.

Ahora, si el creyente se esfuerza en entablar una relación más profunda con Dios, estos demonios se activarán de acuerdo al nivel de compromiso de la persona, y comenzarán a causar problemas, hasta que fnalmente sean expulsados.

Los demonios no quieren que nadie se convierta, y mucho menos que la persona entable una relación duradera con el Señor. A los demonios no les preocupan los cristianos licenciosos, sino que los creyentes se conviertan en *vencedores* espirituales y logren resistirlos.

¿Pueden los demonios poseer el espíritu de un cristiano convertido?

Si usted ha tenido una experiencia de conversión con Jesús, los demonios no pueden penetrar su espíritu, porque allí mora Dios. Ellos no pueden evitar que usted entre al cielo.

Pero dado que los demonios sí pueden ocasionar que el cristiano caiga, atacando su alma, su mente y su cuerpo, Dios ha provisto armas para la guerra espiritual con las que podemos contrarrestar cada ataque del enemigo.

Muchos en el Cuerpo de Cristo exhiben una actitud derrotista ante el enemigo que gobierna este mundo. Como dijimos anteriormente, estamos convencidos de que es el momento de escuchar lo que Dios está le diciendo a su Iglesia:

"Domina en medio de tus enemigos".

—Salmos 110:2

Si usted continúa con una actitud derrotista, no podrá vencer al enemigo. Él permanecerá en su territorio, y usted continuará sufriendo. Pero si en cambio usted ejercita su autoridad, se convertirá en un vencedor: un soldado fuerte y valiente en el ejército de Dios.

Dios le ha dado el poder y la oportunidad de vivir en libertad, de manera que pueda mantener todas sus posesiones fuera del control de Satanás. Si desea mantenerse libre, debe permanecer en la Palabra de Dios y creer que somos "más que vencedores" (Romanos 8:37).

Jesús murió para derrotar a Satanás

Cuando Jesús murió en la cruz, no solo derramó su sangre por nuestros pecados y sufrió heridas por nuestra sanación, sino que derrotó completamente a Satanás. En ese momento Jesús le transfrió a cada creyente en la tierra su autoridad sobre Satanás. Debemos usar el poder que Él nos ha delegado para mantener a Satanás y sus demonios alejados de nuestras vidas, y cumplir así las instrucciones de Dios a través del Espíritu Santo. Dios tiene el poder eterno sobre el enemigo, y Él dejó ese poder a nuestra disposición a través de Jesucristo. Si no usamos ese poder, no podemos esperar recibir muchas bendiciones.

Jesús derrotó a Satanás y sus demonios en la cruz, pero la totalidad de la sentencia aún no ha sido ejecutada. Como creyentes, Dios nos dio el privilegio y la responsabilidad de anunciarles a Satanás y sus demonios su derrota en nuestras vidas y en las vidas de otros.

Oración para recibir la liberación del poder del enemigo

Querido Padre, me gozo de saber la verdad de que Satanás es un enemigo derrotado, y de que Jesucristo me ha dado autoridad sobre el poder del enemigo mientras me mantenga comprometido y obediente a tu Palabra.

Me niego a sentir temor y a ser víctima de las circunstancias. Declaro que pertenezco al Reino de Dios, y soy partícipe de todas tus bendiciones. Tomo a la fuerza lo que me pertenece y me libero de los yugos que el diablo ha impuesto sobre mí: enfermedades, dolencias y adicciones. Invoco la paz y el poder sanador de Dios para que invada mi vida y sane mi mente y mi cuerpo. En el nombre de Jesús, amén.

Cómo reconocer la estrategia del enemigo

5

La carne y los espíritus malignos

Así que, si el Hijo os libertare,
seréis verdaderamente libres.

—Juan 8:36

Hace unos años, un joven evangelista nos visitó en busca de algunos consejos. Su ministerio estaba creciendo, y muchos estaban aceptando a Cristo. Él dedicaba buena parte del día al estudio de la Palabra y a su preparación personal. Mucha gente asistía a sus reuniones, curiosos por el valor que mostraba para enfrentar a los espíritus malignos, y por su ministerio de liberación. Su gran preocupación era su carácter desenfrenado, que se manifestaba especialmente con su esposa y sus hijos. Durante su adolescencia, él había pertenecido a una banda que era conocida por sacarles un ojo a los miembros de otras bandas rivales. Esto lo hacían, dejándose crecer la uña de uno de sus dedos.

Al escuchar y observar atentamente a este joven, de unos treinta y tanto años y de buena apariencia, nos dimos cuenta de que su dedo meñique lucía largo y puntiagudo. Mi esposa no pudo contener la curiosidad y le preguntó por qué él aún usaba una uña larga y puntiaguda. Su respuesta fue que se había convertido en un hábito, y que a pesar de que muchas veces se la había cortado, siempre terminaba dejándosela crecer. *Allí estaba la razón de su ira desenfrenada.* Nos confesó que cada vez que se molestaba con su esposa, surgía en su corazón un deseo de sacarle uno de sus ojos.

Dios nos dio un mensaje específo para este hombre. Yo (Juan) fui movido por el Espíritu del Señor para decirle que esta era su última oportunidad de rendirse completamente a Dios, ser liberado, cortarse la uña, y comenzar a ser una bendición para su familia. De lo contrario, la mano del Señor permitiría que terminara en una silla de ruedas. Se trataba de un mensaje fuerte y directo. Acordamos en que regresaría en una fecha cercana para comenzar el proceso de liberación. Pero nunca lo hizo. Un año más tarde, lo encontramos postrado en una silla de ruedas, recuperándose después de haber atacado verbalmente a cuatro sujetos, quienes terminaron golpeándolo casi hasta matarlo. Su esposa lo había abandonado y su hijo había adoptado el estilo de vida homosexual.

¡Cuántas bendiciones no esperaban por este joven ministro, así como una enorme autoridad de parte de Dios para vencer la opresión satánica! Pero igualmente, en su espíritu había oposición y una lucha por entregar todo a Dios y recibir la libertad que solo puede ser hallada en Cristo Jesús. A la fnal, terminó en una silla de ruedas tanto espiritual como física. Aunque él puede levantarse y comenzar otra vez, las consecuencias son reales. Estudiar la Palabra de Dios no es sufciente. Orar no es sufciente. Nuestra obediencia y entrega son mejores que todos los sacrifcios que pudiéramos hacer (1 S. 15:22).

Dios quiere que vivamos libres de angustias, miedo, envidia, odio, deseos, orgullo, autocompasión, adicciones, glotonería y toda clase de ataduras, opresión y contaminación.

Lo cierto es que hay una batalla escenifcándose cada día en el ámbito espiritual, y es una batalla por su fe y su corazón. La mayoría de los cristianos están al tanto de esta batalla, pero sinceramente, parecieran no darse cuenta de que deben tomar algunas acciones y estar vigilantes, a fn de poder resistir de manera agresiva la interferencia demoníaca. El primer paso es darse cuenta de que para vivir libres, debemos asumir la tarea de resguardar las puertas de nuestro corazón y nuestros sentidos.

Cada decisión que usted toma, cada acción que emprende, cada pensamiento que procesa, y cada palabra que pronuncia, determinará si es Dios o Satanás quien tiene el dominio de su vida. Satanás no puede afectar su vida sin su consentimiento. Dios no puede bendecirlo a usted sin su lealtad hacia Él. El secreto para mantener su libertad es reconocer que usted se encuentra en una batalla constante por su alma, y que debe permanecer frme y fel a su Señor y Salvador Jesucristo.

"Someteos, pues, a Dios; resistid al diablo, y huirá de vosotros".

—Santiago 4:7

La carne y los espíritus malignos

Los problemas internos del hombre tienen dos causas: La primera es *la carne* o el *viejo hombre*. Esta es la naturaleza no regenerada y rebelde del hombre, la cual es infuenciada y alimentada por Satanás. La segunda causa de los problemas internos son los *espíritus malignos*. Se trata de ángeles satánicos que él usa para atar algunos aspectos de la *carne*, y que NO soltarán esa atadura a menos que se los obligue a hacerlo.

Todo cristiano que ignore la naturaleza de los espíritus malignos se mostrará temeroso de las cosas que están más allá de su entendimiento, y tratará de evitar esta parte del ministerio de Dios. Demasiados creyentes aún no conocen la importancia de su autoridad sobre Satanás y, como resultado, multitudes de cristianos valiosos viven en un tormento innecesario. Gran parte del ministerio de Cristo estuvo dedicado a expulsar demonios de personas atormentadas. Esta también debería ser una parte vital de nuestro ministerio actual.

"Y estas señales seguirán a los que creen: En mi nombre echarán fuera demonios".

—Marcos 16:17

"Y la gente, unánime, escuchaba atentamente las cosas que decía Felipe, oyendo y viendo las señales que hacía. Porque de muchos que tenían espíritus inmundos, salían estos dando grandes voces; y muchos paralíticos y cojos eran sanados".

—Hechos 8:6–7

Es lamentable que tanta gente le atribuya todos sus problemas personales a la actividad de espíritus malignos. Están equivocados, pues hemos sido creados con libre albedrío. Cuando hacemos voluntariamente cosas que no le agradan a Dios y que perjudican el templo de Dios, tenemos que sufrir las consecuencias. No podemos culpar ni a Dios ni a Satanás.

Es importante que cada cristiano sincero renuncie a toda la maldad en su vida, que haga un compromiso con Dios, y que sea dirigido por el Espíritu Santo. Si usted no está dispuesto a cumplir con estos requerimientos, no obtendrá una solución permanente para su problema.

Hábitos y prácticas que atraen espíritus malignos

La siguiente lista revela algunas cosas que atraen a los espíritus malignos para que establezcan residencia en su vida. Si usted quiere vivir libre, debe confesar todos los hábitos pecaminosos que invitan a los espíritus malignos, y renunciar a ellos.

Problemas de actitud

Un tema de conficto en las vidas de las persona es su actitud. Una mala actitud puede llevar a todo tipo de alteraciones mentales. La palabra *actitud* en este contexto, signifca "una conducta descarada, presuntuosa, arrogante, insolente, desafante, o terca". Una mala actitud puede llevar a la rebelión. Los espíritus malignos prosperan en un ambiente de rebelión. Los problemas de actitud suelen comenzar durante la infancia. Cuando a un niño se le permite una actitud de rebeldía, tarde o temprano esa rebeldía se extenderá a otros aspectos de sus relaciones interpersonales.

Deseos insaciables

Esto de los apetitos descontrolados y de los deseos insaciables afecta a las personas en todas las etapas de su vida, y se ha convertido en una epidemia en todas partes del mundo. Cuando se da rienda suelta a los deseos sin ninguna clase de límites, se le está abriendo la puerta a la infuencia de los espíritus malignos, lo cual puede manifestarse en adicciones a los alimentos, al alcohol, al tabaco, a medicinas, a drogas, a novelas y libros románticos, a las compras, a la crueldad, a la rebelión y al odio, entre otras cosas.

Las creencias religiosas

Las prácticas, obsesiones y experiencias religiosas que involucran contacto con el mundo espiritual, canalizaciones, adoración de ídolos, prácticas ocultas, y otras formas de adoración que nieguen la muerte y resurrección de Jesucristo como Señor y Salvador, pueden llevar a una persona a cometer actos pecaminosos que se convertirán en maldiciones, y que no solo afectarán a la familia, sino también a las generaciones futuras.

Las obsesiones sexuales

La inmoralidad sexual puede llevar a una persona a desarrollar deseos sexuales obsesivos, perversiones, abusos, etcétera. El abuso sexual se ha convertido en algo tan común y desproporcionado, que la mayoría de la gente que ve las noticias o escucha a alguien hablar de ello, pareciera desestimarlo con un: "¿Qué tiene eso de nuevo?". Tristemente, las víctimas quedan marcadas para siempre, a menos que reciban ayuda y compasión. Millones de personas abusadas sexualmente experimentan alguna clase de hábito obsesivo. Algunas de las obsesiones más comunes hoy en día son la pornografía por internet, el intercambio de mensajes de texto sexuales, la masturbación, la fornicación, el adulterio, la pornografía infantil, y muchas otras formas de obsesiones sexuales.

Para recibir liberación, la persona debe confesar sus pecados, renunciar a ellos, arrepentirse y olvidar. Luego, continuar con la renovación de la mente y un discipulado bíblico.

La homosexualidad y las adicciones sexuales

Dios no creó a los homosexuales o a los adictos al sexo.

"Y creó Dios al hombre a su imagen, a imagen de Dios lo creó; varón y hembra los creó".
—Génesis 1:27

La homosexualidad es uno de los resultados de nuestra rebelión contra Dios.

"Por lo cual también Dios los entregó a la inmundicia, en las concupiscencias de sus corazones, de modo que deshonraron entre sí sus propios cuerpos, ya que cambiaron la verdad de Dios por la mentira, honrando y dando culto a las criaturas antes que al Creador, el cual es bendito por los siglos. Amén.

Por esto Dios los entregó a pasiones vergonzosas; pues aun sus mujeres cambiaron el uso natural por el que es contra naturaleza, y de igual modo también los hombres, dejando el uso natural de la mujer, se encendieron en su lascivia unos con otros, cometiendo hechos vergonzosos hombres con hombres, y recibiendo en sí mismos la retribución debida a su extravío".

—Romanos 1:24–27

Es importante saber lo que la Biblia dice sobre la homosexualidad:

"No te echarás con varón como con mujer; es abominación".

—Levítico 18:22

"Si alguno se ayuntare con varón como con mujer, abominación hicieron; ambos han de ser muertos; sobre ellos será su sangre".

—Levítico 20:13

"¿No sabéis que los injustos no heredarán el Reino de Dios? No erréis; ni los fornicarios, ni los idólatras, ni los adúlteros, ni los afeminados, ni los que se echan con varones, ni los ladrones, ni los avaros, ni los borrachos, ni los maldicientes, ni los estafadores, heredarán el Reino de Dios".

—1 Corintios 6: 9–10

La homosexualidad puede ser causada por muchas razones

Sin darse cuenta, los padres pueden infuenciar a un niño a desarrollar un comportamiento anormal. Podría ser mediante la infuencia de una madre que deseaba tener una niña en vez de un varón. En su ignorancia, esta viste al niño como una niña. El niño crece con una identidad confundida, y comienza a agradarle vestirse como niña. También se da el caso de madres que tratan a sus hijos constantemente como los *hijos de mami*, sobreprotegiéndolos y evitando que se desarrollen normalmente. Un padre que no le brinde atención y amor a su hijo también puede crear un rechazo hacia el sexo opuesto, a menos que haya una madre atenta que esté pendiente de las necesidades del niño.

El abuso sexual es otra de las causas más comunes.

Varias circunstancias en la vida pueden causar que espíritus de trauma y confusión infuyan en la mente de un joven:

- Las imágenes explícitas y provocativas
- Las relaciones anormales
- El abuso y el acoso sexual
- El rechazo y el rechazo propio
- El resentimiento y las palabras de odio
- El desprecio y los miedos

Siempre estará también el asunto de la rebeldía, cuando un joven actúa en contra de la buena crianza que ha recibido, e incluso contra las oraciones de sus padres, y decide meterse con el pecado y renunciar a las enseñanzas y a todo lo que representa lo bueno y lo malo.

¿Qué deben hacer los padres en estos casos? Permanecer frmes y decididos en la Palabra de Dios, resistiendo al enemigo en oración y amando a su hijo o hija con cada fbra de su ser. Deben entender que la salvación de su hijo es el asunto más importante en la vida de él o de ella. No se deje infuenciar por lo que vea, escuche o sepa. En el nombre de Jesús, use su autoridad contra todas las artimañas del enemigo para desarticular la ceguera espiritual;

y continúe confando en Dios. Su fe y su amor mantendrán un anzuelo de amor enganchado a su ser amado.

La influencia de espíritus engañadores

Durante la elaboración de este libro, una de mis (Iris) intercesoras y buena amiga compartió su testimonio de intercesión divina. Ella es una madre soltera que vive con su hijo adulto. Durante meses, ella notó un cambio en la rutina de su hijo, y un desinterés en asistir a la iglesia. Lucía distante y perturbado. Un día, ella recibió un correo electrónico de parte de la madre de un amigo de su hijo. El correo electrónico tenía anexado un mensaje que el hijo de mi intercesora había compartido con su amigo. En el mensaje hablaba de que quería suicidarse. Mi amiga quedó pasmada al leerlo, e inmediatamente confrontó a su hijo y le preguntó por qué estaba dándole cabida a esos sentimientos. Él no le dio una explicación específca, y fue incapaz de abrirse con su mamá.

En vez de angustiarse y entrar en pánico, ella hizo lo que todo hijo de Dios debe hacer en una situación similar. *Se arrodilló ante Dios*, intercediendo en favor de su hijo. Algo estaba pasando. Alguna entidad demoníaca había penetrado la mente de su hijo, y ella no estaba dispuesta a dejarse robar lo que le pertenecía. La oración de guerra entró en acción. Las armas para atar y desatar fueron activadas. Se entabló una batalla por la vida de su hijo, y ángeles fueron puestos a cargo. Mi amiga sabía que sus oraciones tenían el poder de derribar fortalezas y anular cualquier espíritu maligno que estuviera instigando y engañando a su hijo.

Ese mismo día, después de pasar horas esperando en el Espíritu, llegó la respuesta. Ella actuó rápidamente, siguiendo la dirección del Espíritu Santo, y entró en la habitación de su hijo. Aunque no escuchó la voz audible del Espíritu, sabía en su corazón que debía hacerlo. Abrió la puerta del armario, se inclinó y tomó una pequeña maleta. La abrió con precaución, y comenzó a hurgar en ella. De repente, tomó algo que se sentía como un libRomanos Al sacarlo y abrirlo, se dio cuenta de que se trataba de una biblia satánica. *¡Aquí está!*, pensó. *¡Esto es lo que está usando el enemigo!*

Cuando su hijo regresó a la casa, ella lo confrontó con el libRomanos Él le explicó que la mamá de uno de sus amigos se lo había dado. Después de investigar un poco, mi amiga descubrió que la mujer era una bruja. Ahora, el motivo por el cual estoy compartiendo este testimonio, es porque nos da un ejemplo de lo que puede ocurrir cuando una persona coquetea con las cosas que pertenecen al reino de las tinieblas. No es un juego. Son cosas reales. El reino de Satanás está bien organizado, con una jerarquía que incluye varios niveles de liderazgo.

La madre de este joven procedió a destruir la biblia satánica, a cancelar la encomienda demoníaca de eliminar a su hijo a través del suicidio, y a liberarlo de una muerte prematura.

El Reino de Dios está a nuestra disposición. Todo creyente tiene autoridad sobre cada fortaleza del enemigo. Un automóvil sin gasolina no lleva a ninguna parte, y lo mismo ocurre con un creyente que tiene autoridad para resistir al enemigo e interceder por la liberación divina, pero que se muestra temeroso y ansioso. Jamás verá o experimentará las victorias y la libertad que están disponibles para él. Mi amiga tiene hoy mucho que agradecerle a Dios. La venda que su hijo tenía sobre sus ojos cayó, y el velo fue retirado de su corazón.

La Biblia afrma que *espíritus engañadores* pueden seducir a un hijo de Dios que se aleje de la protección de la sangre de Jesús, tentarlo a abandonar la voluntad de Dios para su vida y llevarlo a la muerte y la autodestrucción. Cuando Satanás y sus espíritus malignos logran controlar algún aspecto de la vida de un creyente, este comienza a sentirse confundido y derrotado, y debe buscar ayuda.

"Pero el Espíritu dice claramente que en los postreros tiempos algunos apostatarán de la fe, escuchando a espíritus engañadores y a doctrinas de demonios".

—1 Timoteo 4:1

La importancia de la confesión y el perdón

La humildad, la honestidad y la voluntad de confesar todos los pecados, y de apartarse de todo contacto con los espíritus malignos, son cosas absolutamente necesarias para obtener una libertad completa.

El perdón de las personas involucradas y una entrega total al señorío de Jesucristo en todos los aspectos de su vida son fundamentales. Usted debe estar dispuesto a entregarse completamente a Dios a fn de permanecer libre.

Cuando usted acepta a Jesús como su Señor y Salvador, su cuerpo se convierte en el templo de Dios. Si usted tiene un aviso de *VACANTE*, los demonios tienen libertad de entrar, pues Cristo no está presente. Pero cuando nacemos de nuevo, el aviso del templo cambia a *NO DISPONIBLE*, y ellos no pueden entrar, a menos que usted se los permita.

Una voluntad activa

Una voluntad activa es necesaria para ejercer la liberación en cada aspecto de su vida. Si su voluntad está en control de su espíritu, mente y cuerpo, su libertad está garantizada. No existe un sustituto para el arrepentimiento. No existe un sustituto para la autodisciplina.

- Tenemos que ser valientes agresores al ir en contra del enemigo.

- El enemigo solo respeta a aquellos que son más poderosos que él.
- Contra las fuerzas espirituales solo se puede actuar usando fuerza espiritual.

Jesús dice que a medida que nos acerquemos al fn de los tiempos, los corazones de los hombres desfallecerán por el temor de las cosas que sobrevendrán en la tierra. Por tal motivo, debemos hacer uso de todo el poder y la autoridad que hemos recibido de Cristo, para que podamos vivir y avanzar en nuestro recorrido cristiano en esta tierra en paz y libertad.

Para ser un discípulo de Cristo, usted debe estar separado del mundo. Usted debe vivir su cristianismo y no solo hablar de él. Nosotros somos el pueblo escogido de Dios. Él nos ha dado autoridad y privilegios específcos para vivir el Reino de los cielos aquí en la tierra.

Para demostrar su amor a Dios, usted debe poner su fe en acción y vivir victoriosamente. Debe cuidarse de no arriesgar la herencia que le corresponde uniéndose a las multitudes de cristianos que profesan a Cristo de boca pero que viven en condenación, en vez de vivir en la fe del Dios Todopoderoso. Su voluntad debe estar siempre activa, obedeciendo los mandamientos y preceptos de Dios.

Si desea un estudio más detallado sobre cómo recibir liberación y sanación de experiencias traumáticas o abusivas, enfermedades, o de un pobre entendimiento de la salvación, recomendamos ampliamente el libro de Iris Delgado *Satanás, ¡mi milagro no es tuyo!* publicado por Casa Creación.

6

La batalla por el dominio de su mente

Pero veo otra ley en mis miembros,
que se rebela contra la ley de mi mente,
y que me lleva cautivo a la ley del
pecado que está en mis miembros.

—Romanos 7:23

En este capítulo presentaremos algunos de los principios que usted debe entender relacionados con su mente, y el deseo de Satanás de que usted no pueda evitar que él se apodere de ella progresivamente. Cada principio está apoyado por una cita bíblica.

Muchos de estos principios representan conceptos o temas que afectan su propia vida. Decida realizar un estudio más exhaustivo de estos principios, de manera que usted pueda alcanzar la victoria sobre las estrategias de Satanás y vivir libre de su control demoníaco.

Cualquier cosa en la que su mente se enfoque será lo que usted deseará y buscará.

"¿No sabéis que si os sometéis a alguien como esclavos para obedecerle, sois esclavos de aquel a quien obedecéis, sea del pecado para muerte, o sea de la obediencia para justicia?".

—Romanos 6:16

Una mente reprobada es perjudicial para la vida espiritual.

"Y como ellos no aprobaron tener en cuenta a Dios, Dios los entregó a una mente reprobada, para hacer cosas que no convienen".

—Romanos 1:28

Su mente no debe ser dominada por sus sentimientos.

"El necio da rienda suelta a toda su ira,
mas el sabio al fn la sosiega".

—Proverbios 29:11

Debe mantener en su mente un espíritu de humildad.

"Unánimes entre vosotros; no altivos, sino asociándoos con los humildes. No seáis sabios en vuestra propia opinión".

—Romanos 12:16

Usted fue creado con la mente de Cristo.

"Porque, ¿quién conoció la mente del Señor? ¿Quién le instruirá? Mas nosotros tenemos la mente de Cristo".

—1 Corintios 2:16

La Palabra de Dios debe estar implantada en su mente.

"Por lo cual, desechando toda inmundicia y abundancia de malicia, recibid con mansedumbre la palabra implantada, la cual puede salvar vuestras almas".

—Santiago 1:21

Su mente no debe operar de manera independiente de la dirección del Espíritu Santo.

"Porque los que son de la carne piensan en las cosas de la carne; pero los que son del Espíritu, en las cosas del Espíritu".

—Romanos 8:5

Se le ha pedido que ame a Dios con toda su mente.

"Y amarás al Señor tu Dios con todo tu corazón, y con toda tu alma, y con toda tu mente y con todas tus fuerzas. Este es el principal mandamiento".

—Marcos 12:30

La mente carnal es enemiga de Dios y no desea las cosas del Espíritu de Dios.

"Por cuanto los designios de la carne son enemistad contra Dios; porque no se sujetan a la ley de Dios, ni tampoco pueden".

—Romanos 8:7

Fuimos creados para estar perfectamente unidos en una misma mente y un mismo parecer.

> "[. . .] sino que estéis perfectamente unidos en una misma mente y en un mismo parecer".
>
> 1 Corintios 1:10

Dios creó nuestra mente capaz de entender los principios espirituales del Reino de Dios. La Palabra dice: "Renovaos en el espíritu de vuestra mente" (Efesios 4:23). Es un mandamiento. Creo que este es el requerimiento más importante que usted debe cumplir a fn de ejercitar su autoridad sobre Satanás y vivir en libertad.

La verdad divina desenmascara las mentiras del enemigo contra el carácter de Dios y el engaño del diablo sobre quién es usted en Cristo y su compromiso de servirle (ver Juan 8:44). La verdad también le permite entablar la batalla. "Ceñir los lomos" signifca abrocharse el cinturón para la acción (1 Pedro 1:13), estar preparado para el ataque (ver Éx. 12:11; Lucas 12:35).

La mente es el campo de batalla de nuestros pensamientos. Una mente carnal, produce muerte espiritual. Una mente gobernada por el Espíritu de Dios produce vida y paz.

> "La mentalidad pecaminosa es muerte, mientras que la mentalidad que proviene del Espíritu es vida y paz".
>
> —Romanos 8:6, NVI

La mente que no ha sido renovada permanece en tinieblas

> "El dios de este mundo ha cegado la mente de estos incrédulos, para que no vean la luz del glorioso evangelio de Cristo, el cual es la imagen de Dios".
>
> —2 Corintios 4:4, NVI

"[. . .] teniendo el entendimiento entenebrecido, ajenos de la vida de Dios por la ignorancia que en ellos hay, por la dureza de su corazón".

—Efesios 4:18

Cómo liberar su mente

Su mente debe ser liberada y limpiada de las cosas del pasado. Debe romperse la esclavitud mental hacia prácticas ocultas y cultos falsos, y abandonarlos completamente. Todo pensamiento impuro debe ser llevado cautivo a la obediencia en Cristo.

La mente es un gran campo de batalla. A menos que cada pensamiento sea llevado cautivo a la obediencia en Cristo, no podrá hallar paz (2 Corintios 10:5).

Una mente pasiva hace que la capacidad de razonamiento se mantenga inerme. Si usted no usa su inteligencia, Dios no infuirá en ella, pero los espíritus malignos sí lo harán, porque ellos necesitan de una mente en blanco y una voluntad pasiva.

"Y amarás al Señor tu Dios [ ] con toda tu mente".

—Marcos 12:30

7

Los principios de la opresión de Satanás

Todo el mundo clama bajo el peso de la opresión,
y pide ser librado del brazo del poderoso.

—Job 35:9, NVI

La Palabra de Dios identifca claramente quién es nuestro enemigo, cómo llegó a serlo, y la manera en que este opera para atacar y oprimir a la humanidad. La mejor manera en la que un cristiano puede prepararse para la guerra espiritual contra Satanás y sus fuerzas, y salir victorioso, es conociendo bien los principios de la opresión de Satanás y las armas de guerra que están disponibles para todos los creyentes. Si usted desea llevar una vida victoriosa, ha de *conocer a su enemigo*, y saber cómo opera. La ignorancia solo mantendrá a los hijos de Dios en una permanente derrota.

Los siguientes dos capítulos contienen una amplia cantidad de información que lo ayudará a conocer a su enemigo. Le recomendamos que use este estudio y que continúe analizando el tema, a fn de afnar sus armas de guerra espiritual. Recuerde que aunque estamos en este mundo, no somos de este mundo. Cuando veamos que ocurran cosas malas e incorrectas, recordemos que estas no están ocurriendo en el Reino de Dios donde vivimos. El reino de este mundo es limitado, pero nosotros vivimos en un mundo ilimitado. Mantengamos estos mundos separados, pero en perspectiva. Nosotros somos ciudadanos del Reino de Dios. Buscaré primer el Reino de Dios y su justicia, y todo lo que necesito vendrá por añadidura (ver Mateo 6:33).

El origen de Satanás, su caída y su destino final

El lucero de la mañana es echado afuera

"¡Cómo caíste del cielo,
   oh Lucero, hijo de la mañana!
Cortado fuiste por tierra
   tú que debilitabas a las naciones".

—Isaías 14:12

El querubín protector es expulsado

"Hijo de hombre, levanta endechas sobre el rey de Tiro, y dile:
Así ha dicho Jehová el Señor:

Tú eras el sello de la perfección, lleno de sabiduría, y acabado de hermosura.

En Edén, en el huerto de Dios estuviste; de toda piedra preciosa era tu vestidura; de cornerina, topacio, jaspe, crisólito, berilo y ónice; de zafro, carbunclo, esmeralda y oro; los primores de tus tamboriles y fautas estuvieron preparados para ti en el día de tu creación.

Tú, querubín grande, protector, yo te puse en el santo monte de Dios, allí estuviste; en medio de las piedras de fuego te paseabas.

Perfecto eras en todos tus caminos desde el día que fuiste creado, hasta que se halló en ti maldad.

A causa de la multitud de tus contrataciones fuiste lleno de iniquidad, y pecaste; por lo que yo te eché del monte de Dios, y te arrojé de entre las piedras del fuego, oh querubín protector.

Se enalteció tu corazón a causa de tu hermosura, corrompiste tu sabiduría a causa de tu esplendor; yo te arrojaré por tierra; delante de los reyes te pondré para que miren en ti.

Con la multitud de tus maldades y con la iniquidad de tus contrataciones profanaste tu santuario; yo, pues, saqué fuego de en medio de ti, el cual te consumió, y te puse en ceniza sobre la tierra a los ojos de todos los que te miran.

Todos los que te conocieron de entre los pueblos se maravillarán sobre ti; espanto serás, y para siempre dejarás de ser".

—Ezequiel 28:12–19

Satanás cae del cielo como un relámpago

"Y les dijo: Yo veía a Satanás caer del cielo como un rayo. He aquí os doy potestad de hollar serpientes y escorpiones, y sobre toda fuerza del enemigo, y nada os dañará".

—Lucas 10:18–19

El diablo fue destruido por la muerte y resurrección de Cristo

"Así que, por cuanto los hijos participaron de carne y sangre, él también participó de lo mismo, para destruir por medio de la muerte al que tenía el imperio de la muerte, esto es, al diablo, y librar a todos los que por el temor de la muerte estaban durante toda la vida sujetos a servidumbre".

—Hebreos 2:14–15

"[ ] anulando el acta de los decretos que había contra nosotros, que nos era contraria, quitándola de en medio y clavándola en la cruz, y despojando a los principados y a las potestades, los exhibió públicamente, triunfando sobre ellos en la cruz".

—Colosenses 2:14–15

Jesucristo deshace las obras del enemigo

"El que practica el pecado es del diablo; porque el diablo peca desde el principio. Para esto apareció el Hijo de Dios, para deshacer las obras del diablo".

—1 Juan 3:8

El dragón, la serpiente y todos los demonios son expulsados

"Y fue lanzado fuera el gran dragón, la serpiente antigua, que se llama diablo y Satanás, el cual engaña al mundo entero; fue arrojado a la tierra, y sus ángeles fueron arrojados con él. Entonces oí una gran voz en el cielo, que decía: Ahora ha venido la salvación, el poder, y el reino de nuestro Dios, y la autoridad de su Cristo; porque ha sido lanzado fuera el acusador de nuestros hermanos, el que los acusaba delante de nuestro Dios día y noche. Y ellos le han vencido por medio de la sangre del Cordero y de la palabra del testimonio de ellos, y menospreciaron sus vidas hasta la muerte".

—Apocalipsis 12:9–11

El diablo será atado y echado en el abismo

"Vi a un ángel que descendía del cielo, con la llave del abismo, y una gran cadena en la mano. Y prendió al dragón, la serpiente antigua, que es el diablo y Satanás, y lo ató por mil años; y lo arrojó al abismo, y lo encerró, y puso su sello sobre él, para que no engañase más a las naciones, hasta que fuesen cumplidos mil años; y después de esto debe ser desatado por un poco de tiempo".

—Apocalipsis 20:1–3

Naturaleza, personalidad y carácter de los demonios

Son malignos

"Envió Dios un mal espíritu entre Abimelec y los hombres de Siquem, y los de Siquem se levantaron contra Abimelec".

—Jueces 9:23

Son inteligentes

"Aconteció que mientras íbamos a la oración, nos salió al encuentro una muchacha que tenía espíritu de adivinación, la cual daba gran ganancia a sus amos, adivinando".

—Hechos 16:16

Son poderosos

"Vinieron al otro lado del mar, a la región de los gadarenos. Y cuando salió él de la barca, en seguida vino a su encuentro, de los sepulcros, un hombre con un espíritu inmundo, que tenía su morada en los sepulcros, y nadie podía atarle, ni aun con cadenas. Porque muchas veces había sido atado con grillos y cadenas, mas las cadenas habían sido hechas pedazos por él, y desmenuzados los grillos; y nadie le podía dominar. Y siempre, de día y de noche, andaba dando voces en los montes y en los sepulcros, e hiriéndose con piedras".

—Marcos 5:1–5

Tienen conocimiento y entendimiento

"Y clamaron diciendo: ¿Qué tienes con nosotros, Jesús, Hijo de Dios? ¿Has venido acá para atormentarnos antes de tiempo?".

—Mateo 8:29; ver también Lucas 4:41 y Hechos 19:15

Tienen emociones y sentimientos

"Y clamando a gran voz, dijo: ¿Qué tienes conmigo, Jesús, Hijo del Dios Altísimo? Te conjuro por Dios que no me atormentes".

—Marcos 5:7

Tienen una mesa de comunión

"Antes digo que lo que los gentiles sacrifcan, a los demonios lo sacrifcan, y no a Dios; y no quiero que vosotros os hagáis partícipes con los demonios. No podéis beber la copa del Señor, y la copa de los demonios; no podéis participar de la mesa del Señor, y de la mesa de los demonios".

—1 Corintios 10:20–21

Tienen doctrinas

"Pero el Espíritu dice claramente que en los postreros tiempos algunos apostatarán de la fe, escuchando a espíritus engañadores y a doctrinas de demonios".

—1 Timoteo 4:1

Tienen voluntad

"Cuando el espíritu inmundo sale del hombre, anda por lugares secos, buscando reposo, y no lo halla. Entonces dice: Volveré a mi casa de donde salí; y cuando llega, la halla desocupada, barrida y adornada. Entonces va, y toma consigo otros siete espíritus peores que él, y entrados, moran allí; y el postrer estado de aquel hombre viene a ser peor que el primeRomanos Así también acontecerá a esta mala generación".

—Mateo 12:43–45

Tienen poderes milagrosos

"Y vi salir de la boca del dragón, y de la boca de la bestia, y de la boca del falso profeta, tres espíritus inmundos a manera de ranas; pues son espíritus de demonios, que hacen señales, y van a los reyes de la tierra en todo el mundo, para reunirlos a la batalla de aquel gran día del Dios Todopoderoso".

—Apocalipsis 16:13–14

Tienen emociones

"Porque de muchos que tenían espíritus inmundos, salían estos dando grandes voces; y muchos paralíticos y cojos eran sanados".

—Hechos 8:7

Tienen deseos

"Cuando llegó a la otra orilla, a la tierra de los gadarenos, vinieron a su encuentro dos endemoniados que salían de los sepulcros, feroces en gran manera, tanto que nadie podía pasar por aquel camino. Y clamaron diciendo: ¿Qué tienes con nosotros, Jesús, Hijo de Dios? ¿Has venido acá para atormentarnos antes de tiempo? Estaba paciendo lejos de ellos un hato de muchos cerdos. Y los demonios le rogaron diciendo: Si nos echas fuera, permítenos ir a aquel hato de cerdos".

—Mateo 8:28–31

Tienen memoria

"Pero respondiendo el espíritu malo, dijo: A Jesús conozco, y sé quién es Pablo; pero vosotros, ¿quiénes sois?".

—Hechos 19:15

No tienen cuerpo

"Y vi salir de la boca del dragón, y de la boca de la bestia, y de la boca del falso profeta, tres espíritus inmundos a manera de ranas; pues son espíritus de demonios, que hacen señales, y van a los reyes de la tierra en todo el mundo, para reunirlos a la batalla de aquel gran día del Dios Todopoderoso".

—Apocalipsis 16:13–14

Son diferentes a los ángeles

"Porque los saduceos dicen que no hay resurrección, ni ángel, ni espíritu; pero los fariseos afrman estas cosas. Y hubo un gran vocerío; y levantándose los escribas de la parte de los fariseos, contendían, diciendo:

Ningún mal hallamos en este hombre; que si un espíritu le ha hablado, o un ángel, no resistamos a Dios".

—Hechos 23:8–9

Los demonios adoran y son adorados

La idolatría es adoración de demonios

"Sacrifcaron a los demonios, y no a Dios; a dioses que no habían conocido, a nuevos dioses venidos de cerca, que no habían temido vuestros padres".

—Deuteronomio 32:17

Los hijos de Dios pueden caer en la maldición de servir a otros dioses

"Dejaron todos los mandamientos de Jehová su Dios, y se hicieron imágenes fundidas de dos becerros, y también imágenes de Asera, y adoraron a todo el ejército de los cielos, y sirvieron a Baal; e hicieron pasar a sus hijos y a sus hijas por fuego; y se dieron a adivinaciones y agüeros, y se entregaron a hacer lo malo ante los ojos de Jehová, provocándole a ira".

—2 Reyes 17:16–17

Tienen ministros a su servicio

"Así que, no es extraño si también sus ministros se disfrazan como ministros de justicia; cuyo fn será conforme a sus obras".

—2 Corintios 11:15

El diablo le pidió a Cristo que lo adorara

"Y le llevó el diablo a un alto monte, y le mostró en un momento todos los reinos de la tierra. Y le dijo el diablo:

A ti te daré toda esta potestad, y la gloria de ellos; porque a mí me ha sido entregada, y a quien quiero la doy. Si tú postrado me adorares, todos serán tuyos".

—Lucas 4:5–7

Los cultos demoníacos tienen una mesa de comunión

"Antes digo que lo que los gentiles sacrifcan, a los demonios lo sacrifcan, y no a Dios; y no quiero que vosotros os hagáis partícipes con los demonios.

No podéis beber la copa del Señor, y la copa de los demonios; no podéis participar de la mesa del Señor, y de la mesa de los demonios".

—1 Corintios 10:20–21

Los demonios son adorados y se les ofrecen sacrifcios

"Y nunca más sacrifcarán sus sacrifcios a los demonios, tras de los cuales han fornicado; tendrán esto por estatuto perpetuo por sus edades".

—Levítico 17:7

Los hombres son condenados por adorar demonios

"Y los otros hombres que no fueron muertos con estas plagas, ni aun así se arrepintieron de las obras de sus manos, ni dejaron de adorar a los demonios, y a las imágenes de oro, de plata, de bronce, de piedra y de madera, las cuales no pueden ver, ni oír, ni andar; y no se arrepintieron de sus homicidios, ni de sus hechicerías, ni de su fornicación, ni de sus hurtos".

—Apocalipsis 9:20–21

Los diferentes espíritus que aparecen en la Biblia

Los espíritus de Dios y los espíritus del anticristo

"Amados, no creáis a todo espíritu, sino probad los espíritus si son de Dios; porque muchos falsos profetas han salido por el mundo. En esto conoced el Espíritu de Dios: Todo espíritu que confesa que Jesucristo ha venido en carne, es de Dios; y todo espíritu que no confesa que Jesucristo ha venido en carne, no es de Dios; y este es el espíritu del anticristo, el cual vosotros habéis oído que viene, y que ahora ya está en el mundo".

—1 Juan 4:1–3

Espíritus engañadores

"Pero el Espíritu dice claramente que en los postreros tiempos algunos apostatarán de la fe, escuchando a espíritus engañadores y a doctrinas de demonios".

—1 Timoteo 4:1

Espíritu de desobediencia

"[. . .] en los cuales anduvisteis en otro tiempo, siguiendo la corriente de este mundo, conforme al príncipe de la potestad del aire, el espíritu que ahora opera en los hijos de desobediencia".

—Efesios 2:2

Espíritu del mundo

"Y nosotros no hemos recibido el espíritu del mundo, sino el Espíritu que proviene de Dios, para que sepamos lo que Dios nos ha concedido".

—1 Corintios 2:12;
ver también Gálatas 1:4

Espíritu de esclavitud

"Pues no habéis recibido el espíritu de esclavitud para estar otra vez en temor, sino que habéis recibido el espíritu de adopción, por el cual clamamos:

¡Abba, Padre!".

—Romanos 8: 15

Espíritu de adivinación

"Aconteció que mientras íbamos a la oración, nos salió al encuentro una muchacha que tenía espíritu de adivinación, la cual daba gran ganancia a sus amos, adivinando".

—Hechos 16:16

Espíritu inmundo de idolatría

"Y en aquel día, dice Jehová de los ejércitos, quitaré de la tierra los nombres de las imágenes, y nunca más serán recordados; y también haré cortar de la tierra a los profetas y al espíritu de inmundicia".

—Zacarías 13:2

Espíritu de fornicación

"No piensan en convertirse a su Dios, porque espíritu de fornicación está en medio de ellos, y no conocen a Jehová".

—Oseas 5:4; ver también Oseas 4:12

Espíritu de vértigo (de confusión, de desconcierto)

"Jehová mezcló espíritu de vértigo en medio de él".

—Isaías 19:14

Espíritu de sueño

"Porque Jehová derramó sobre vosotros espíritu de sueño".

—Isaías 29: 10

Espíritu de cobardía (de temor)

"Porque no nos ha dado Dios espíritu de cobardía, sino de poder, de amor y de dominio propio".

—2 Timoteo 1:7; ver también Job 4:15–16 y Isaías 21:4

Espíritu de mentiras

"Y salió un espíritu y se puso delante de Jehová, y dijo: Yo le induciré. Y Jehová le dijo: ¿De qué manera? Él dijo: Yo saldré, y seré espíritu de mentira en boca de todos sus profetas. Y él dijo: Le inducirás, y aun lo conseguirás; ve, pues, y hazlo así".

—1 Reyes 22:21–22

Espíritu maligno (enfermedad, voluntad, animosidad).

"Y el hombre en quien estaba el espíritu malo, saltando sobre ellos y dominándolos, pudo más que ellos, de tal manera que huyeron de aquella casa desnudos y heridos".

—Hechos 19:16; ver también Jueces 9:23

Espíritu de altivez (orgullo, arrogancia)

"Antes del quebrantamiento es la soberbia,
    y antes de la caída la altivez de espíritu".

—Proverbios 16:18

Espíritu de tristeza

"El corazón alegre constituye buen remedio; mas el espíritu triste seca los huesos".

—Proverbios 17:22

Espíritu de enojo

"No te apresures en tu espíritu a enojarte; porque el enojo reposa en el seno de los necios".

—Eclesiastés 7:9

Espíritu de enfermedad

"Y había allí una mujer que desde hacía dieciocho años tenía espíritu de enfermedad, y andaba encorvada, y en ninguna manera se podía enderezar".

—Lucas 13:11

El amor al dinero

"Porque los que quieren enriquecerse caen en tentación y lazo, y en muchas codicias necias y dañosas, que hunden a los hombres en destrucción y perdición; porque raíz de todos los males es el amor al dinero, el cual codiciando algunos, se extraviaron de la fe, y fueron traspasados de muchos dolores".

—1 Timoteo 6:9–10

Espíritus que promueven la hipocresía y la mentira

"Pero cierto hombre llamado Ananías, con Safra su mujer, vendió una heredad, y sustrajo del precio, sabiéndolo también su mujer; y trayendo solo una parte, la puso a los pies de los apóstoles. Y dijo Pedro: Ananías, ¿por qué llenó Satanás tu corazón para que mintieses al Espíritu Santo, y sustrajeses del precio de la heredad? Reteniéndola, ¿no se te quedaba a ti? y vendida, ¿no estaba en tu poder?

¿Por qué pusiste esto en tu corazón? No has mentido a los hombres, sino a Dios".

—Hechos 5:1–4

Espíritus que siembran dudas, desconfanza y ambición en las personas

"Pero la serpiente era astuta, más que todos los animales del campo que Jehová Dios había hecho; la cual dijo a la mujer: ¿Conque Dios os ha dicho: No comáis de todo árbol del huerto?

Y la mujer respondió a la serpiente: Del fruto de los árboles del huerto podemos comer; pero del fruto del árbol que está en medio del huerto dijo Dios: No comeréis de él, ni le tocaréis, para que no muráis.

Entonces la serpiente dijo a la mujer: No moriréis; sino que sabe Dios que el día que comáis de él, serán abiertos vuestros ojos, y seréis como Dios, sabiendo el bien y el mal. Y vio la mujer que el árbol era bueno para comer, y que era agradable a los ojos, y árbol codiciable para alcanzar la sabiduría; y tomó de su fruto, y comió; y dio también a su marido, el cual comió así como ella".

—Génesis 3:1–6

Espíritus que inducen a los hombres a causar daños diabólicos y abominables

"Y vendré a vosotros para juicio; y seré pronto testigo
contra los hechiceros y adúlteros,
contra los que juran mentira,
y los que defraudan en su salario al jornalero,
a la viuda y al huérfano,
y los que hacen injusticia al extranjero,

no teniendo temor de mí,
dice Jehová de los ejércitos".

—Malaquías 3:5

Espíritus que corrompen a los hombres para que negocien con las almas (a través de brujería, magia, encantamientos y conjuros).

"Y di: Así ha dicho Jehová el Señor: ¡Ay de aquellas que cosen vendas mágicas para todas las manos, y hacen velos mágicos para la cabeza de toda edad, para cazar las almas! ¿Habéis de cazar las almas de mi pueblo, para mantener así vuestra propia vida? ¿Y habéis de profanarme entre mi pueblo por puñados de cebada y por pedazos de pan, matando a las personas que no deben morir, y dando vida a las personas que no deben vivir, mintiendo a mi pueblo que escucha la mentira?".

—Ezequiel 13:18–19

Espíritus que entregan ciudades al diablo (hechicería)

"A causa de la multitud de las fornicaciones de la ramera de hermosa gracia, maestra en hechizos, que seduce a las naciones con sus fornicaciones, y a los pueblos con sus hechizos".

—Nahum 3:4

Espíritus que siembran indiferencia, mundanalidad y conformidad entre los cristianos

"No améis al mundo, ni las cosas que están en el mundo. Si alguno ama al mundo, el amor del Padre no está en él".

—1 Juan 2:15

Espíritus que causan enfermedad y pobreza

> "Pero una mujer que desde hacía doce años padecía de fujo de sangre, y había sufrido mucho de muchos médicos, y gastado todo lo que tenía, y nada había aprovechado, antes le iba peor".
>
> —Marcos 5: 25–26

Los propósitos de Dios al permitir que Satanás continúe activo

Mantener la humildad del hombre

> "Y para que la grandeza de las revelaciones no me exaltase desmedidamente, me fue dado un aguijón en mi carne, un mensajero de Satanás que me abofetee, para que no me enaltezca sobremanera".
>
> —2 Corintios 12:7

Desarrollar el carácter y la fe del creyente

> "Bienaventurado el varón que soporta la tentación; porque cuando haya resistido la prueba, recibirá la corona de vida, que Dios ha prometido a los que le aman".
>
> —Santiago 1:12; ver también 1 Pedro 1:7–13; 5:8–9;
> Judas 20–24

Promover confictos a través de los cuales los santos puedan ser recompensados al obtener la victoria

> "Hijitos, vosotros sois de Dios, y los habéis vencido; porque mayor es el que está en vosotros, que el que está en el

mundo. Ellos son del mundo; por eso hablan del mundo, y el mundo los oye. Nosotros somos de Dios; el que conoce a Dios, nos oye; el que no es de Dios, no nos oye. En esto conocemos el espíritu de verdad y el espíritu de error".

—1 Juan 4:4–6; ver también Apocalipsis 2:26–28

Para destrucción de la carne, de manera que el espíritu sea salvo

"En el nombre de nuestro Señor Jesucristo, reunidos vosotros y mi espíritu, con el poder de nuestro Señor Jesucristo, el tal sea entregado a Satanás para destrucción de la carne, a fn de que el espíritu sea salvo en el día del Señor Jesús".

—1 Corintios 5:4–5; ver también Job 33:14–30;
2 Corintios 2:5–11

Para demostrar el poder de Dios sobre todo el poder satánico

"Y todos se asombraron, de tal manera que discutían entre sí, diciendo: ¿Qué es esto? ¿Qué nueva doctrina es esta, que con autoridad manda aun a los espíritus inmundos, y le obedecen?".

—Marcos 1:27; ver también Marcos 16:17–20;
Hechos 13:6–10

Para purifcar a los hombres e inmunizarlos de toda posibilidad de pecar en el futuro eterno

"Para que Satanás no gane ventaja alguna sobre nosotros; pues no ignoramos sus maquinaciones".

—2 Corintios 2:11

Para perfeccionarnos en el conocimiento del bien y del mal, de Dios y del diablo, e incentivar el servicio voluntario a Dios

"Amados, no os sorprendáis del fuego de prueba que os ha sobrevenido, como si alguna cosa extraña os aconteciese, sino gozaos por cuanto sois participantes de los padecimientos de Cristo, para que también en la revelación de su gloria os gocéis con gran alegría. Si sois vituperados por el nombre de Cristo, sois bienaventurados, porque el glorioso Espíritu de Dios reposa sobre vosotros. Ciertamente, de parte de ellos, él es blasfemado, pero por vosotros es glorifcado".

—1 Pedro 4:12–14; ver también Hebreos 12:23

Para permitir que el libre albedrío del hombre sea probado; que se exponga al mal y escoja voluntariamente el camino del servicio, creyendo en Cristo como su Señor y Salvador

"Llevad mi yugo sobre vosotros, y aprended de mí, que soy manso y humilde de corazón; y hallaréis descanso para vuestras almas".

—Mateo 11:29; ver también Deuteronomio 11:26–28; 30:19

8

Las obras del diablo

El que practica el pecado es del diablo;
porque el diablo peca desde el principio.
Para esto apareció el Hijo de Dios (visible), para
deshacer (acabar, destruir) las obras del diablo.

—1 Juan 3:8, paréntesis añadidos

Al leer los pasajes del capítulo 7, nos daremos cuenta de que Satanás ataca a las personas mediante espíritus. Muchas otras cosas adversas que tal vez no entendemos podrían ser atribuidas a las obras del diablo. Pero Cristo murió para destruir y acabar con todas las obras del diablo.

"[. . .] anulando el acta de los decretos que había contra nosotros, que nos era contraria, quitándola de en medio y clavándola en la cruz, y despojando a los principados y a las potestades, los exhibió públicamente, triunfando sobre ellos en la cruz".

—Colosenses 2:14–15; ver también Hebreos 2:14–15;
1 Pedro 2:24; 1 Juan 3:8

Y ahora a cada creyente se le ha dado autoridad sobre todas las obras del enemigo, como podemos leer en Marcos 16:17–20, Juan 14:12, y Apocalipsis 12:7–11.

Cómo trabaja Satanás

Planifca sus arteros ataques contra los hogares, las personas y la Iglesia; instigando a la rebelión

"Pero la serpiente era astuta, más que todos los animales del campo que Jehová Dios había hecho; la cual dijo a la mujer: ¿Conque Dios os ha dicho: No comáis de todo árbol del huerto?

Y la mujer respondió a la serpiente: Del fruto de los árboles del huerto podemos comer; pero del fruto del árbol que está en medio del huerto dijo Dios: No comeréis de él, ni le tocaréis, para que no muráis.

Entonces la serpiente dijo a la mujer: No moriréis; sino que sabe Dios que el día que comáis de él, serán abiertos vuestros ojos, y seréis como Dios, sabiendo el bien y el mal. Y vio la mujer que el árbol era bueno para comer, y que era agradable a los ojos, y árbol codiciable para alcanzar la sabiduría; y tomó de su fruto, y comió; y dio también a su marido, el cual comió así como ella".

—Génesis 3:1–6

"Pero temo que como la serpiente con su astucia engañó a Eva, vuestros sentidos sean de alguna manera extraviados de la sincera fdelidad a Cristo".

—2 Corintios 11:3

Promueve las obras de las tinieblas, incluyendo la corrupción moral y la perversión sexual

"Y no participéis en las obras infructuosas de las tinieblas, sino más bien reprendedlas".

—Efesios 5:11

"Pues habiendo conocido a Dios, no le glorifcaron como a Dios, ni le dieron gracias, sino que se envanecieron en sus razonamientos, y su necio corazón fue entenebrecido. Profesando ser sabios, se hicieron necios, y cambiaron la gloria del Dios incorruptible en semejanza de imagen de hombre corruptible, de aves, de cuadrúpedos y de reptiles.

Por lo cual también Dios los entregó a la inmundicia, en las concupiscencias de sus corazones, de modo que deshonraron entre sí sus propios cuerpos, ya que cambiaron la verdad de Dios por la mentira, honrando y dando culto a las criaturas antes que al Creador, el cual es bendito por los siglos.

Amén".

—Romanos 1:21–25; ver también Jer. 2:19; Hechos 26:18; Efesios 6:12

Obra actos de maldad, homicidios, robos, injusticia, etcétera

"Y como ellos no aprobaron tener en cuenta a Dios, Dios los entregó a una mente reprobada, para hacer cosas que no convienen; estando atestados de toda injusticia, fornicación, perversidad, avaricia, maldad; llenos de envidia, homicidios, contiendas, engaños y malignidades; murmuradores, detractores, aborrecedores de Dios, injuriosos, soberbios, altivos, inventores de males, desobedientes a los padres, necios, desleales, sin afecto natural, implacables, sin misericordia; quienes habiendo entendido el juicio de Dios, que los que practican tales cosas son dignos de muerte, no solo las hacen, sino que también se complacen con los que las practican".

—Romanos 1:28–32; ver también Colosenses 1:21

Causa ceguera espiritual y falta de entendimiento

"En los cuales el dios de este siglo cegó el entendimiento de los incrédulos, para que no les resplandezca la luz del evangelio de la gloria de Cristo, el cual es la imagen de Dios".

—2 Corintios 4:4

Arrebata la Palabra de Dios de los corazones (adormecimiento, falta de memoria)

"Cuando alguno oye la palabra del reino y no la entiende, viene el malo, y arrebata lo que fue sembrado en su corazón. Este es el que fue sembrado junto al camino".

—Mateo 13:19

Engaña a los hombres con falsos prodigios sobrenaturales

"Y no es maravilla, porque el mismo Satanás se disfraza como ángel de luz".

—2 Corintios 11:14

Acusa al pueblo de Dios

"Entonces oí una gran voz en el cielo, que decía: Ahora ha venido la salvación, el poder, y el reino de nuestro Dios, y la autoridad de su Cristo; porque ha sido lanzado fuera el acusador de nuestros hermanos, el que los acusaba delante de nuestro Dios día y noche".

—Apocalipsis 12:10

Promueve falsos milagros y una falsa adoración

"Y entonces se manifestará aquel inicuo, a quien el Señor matará con el espíritu de su boca, y destruirá con el resplandor de su venida; inicuo cuyo advenimiento es por obra de Satanás, con gran poder y señales y prodigios mentirosos, y con todo engaño de iniquidad para los que se pierden, por cuanto no recibieron el amor de la verdad para ser salvos.

Por esto Dios les envía un poder engañoso, para que crean la mentira, a fn de que sean condenados todos los que no creyeron a la verdad, sino que se complacieron en la injusticia".

—2 Tesalonicenses 2:8–12

Produce tormentas y tiene poder sobre el mundo natural

"Entre tanto que este hablaba, vino otro que dijo:

Tus hijos y tus hijas estaban comiendo y bebiendo vino en casa de su hermano el primogénito; y un gran viento vino del lado del desierto y azotó las cuatro esquinas de la casa, la cual cayó sobre los jóvenes, y murieron; y solamente escapé yo para darte la noticia".

—Job 1:18–19; ver también Marcos 4:35–41

Gobierna sobre las naciones

"Sabemos que somos de Dios, y el mundo entero está bajo el maligno".

—1 Juan 5:19; ver también Mateo 4:8–10;

Juan 12:31

Tenía el imperio de la muerte, e infunde en las personas temor a la muerte

"Así que, por cuanto los hijos participaron de carne y sangre, él también participó de lo mismo, para destruir por medio de la muerte al que tenía el imperio de la muerte, esto es, al diablo, y librar a todos los que por el temor de la muerte estaban durante toda la vida sujetos a servidumbre".

—Hebreos 2:14–15

Trata de entorpecer la predicación del evangelio

"Por lo cual quisimos ir a vosotros, yo Pablo ciertamente una y otra vez; pero Satanás nos estorbó".

—1 Tesalonicenses 2:18

Supervisa a los demonios

"Después hubo una gran batalla en el cielo: Miguel y sus ángeles luchaban contra el dragón; y luchaban el dragón y sus ángeles".

—Apocalipsis 12:7

Causa enfermedades incurables

"Y había allí una mujer que desde hacía dieciocho años tenía espíritu de enfermedad, y andaba encorvada, y en ninguna manera se podía enderezar".

—Lucas 13:11

Incita al suicidio

"Señor, ten misericordia de mi hijo, que es lunático, y padece muchísimo; porque muchas veces cae en el fuego, y muchas en el agua. Y lo he traído a tus discípulos, pero no le han podido sanar".

—Mateo 17:15–16

Siembra cizaña

"Pero mientras dormían los hombres, vino su enemigo y sembró cizaña entre el trigo, y se fue".

—Mateo 13:25

Extravía los sentidos para que desobedezcamos a Dios

"Pero temo que como la serpiente con su astucia engañó a Eva, vuestros sentidos sean de alguna manera extraviados de la sincera fdelidad a Cristo".

—1 Corintios 11:3; ver también Efesios 2:1–3

Anda siempre buscando devorar cristianos, especialmente a aquellos que aman a Dios

"Sed sobrios, y velad; porque vuestro adversario el diablo, como león rugiente, anda alrededor buscando a quien devorar; al cual resistid frmes en la fe, sabiendo que los mismos padecimientos se van cumpliendo en vuestros hermanos en todo el mundo".

—1 Pedro 5:8–9

Oprime al pueblo de Dios

"Cómo Dios ungió con el Espíritu Santo y con poder a Jesús de Nazaret, y cómo este anduvo haciendo bienes y sanando a todos los oprimidos por el diablo, porque Dios estaba con él".

—Hechos 10:38; ver también Salmos 106:42

Tienta a los líderes con dudas, orgullo y ambición

"Jesús, lleno del Espíritu Santo, volvió del Jordán, y fue llevado por el Espíritu al desierto por cuarenta días, y era tentado por el diablo. Y no comió nada en aquellos días, pasados los cuales, tuvo hambre".

—Lucas 4:1–2; ver también Hebreos 4:15

Coloca trampas cuando ignoramos sus artimañas

"Esos engreídos me han tendido una trampa; han puesto los lazos de su red, han tendido trampas a mi paso".

—Salmos 140:5; NVI

Presenta tentaciones sexuales

"No os neguéis el uno al otro, a no ser por algún tiempo de mutuo consentimiento, para ocuparos sosegadamente en la oración; y volved a juntaros en uno, para que no os tiente Satanás a causa de vuestra incontinencia".

—1 Corintios 7:5

A través de secretos profundos

"Ahora, al resto de los que están en Tiatira, es decir, a ustedes que no siguen esa enseñanza ni han aprendido los mal llamados 'profundos secretos de Satanás', les digo que ya no les impondré ninguna otra carga".

—Apocalipsis 2:24; NVI

Engaña a través de los sentidos

"Pero temo que como la serpiente con su astucia engañó a Eva, vuestros sentidos sean de alguna manera extraviados de la sincera fdelidad a Cristo".

—2 Corintios 11:3

Trata de hacerse amigo de los creyentes

"¿Y qué concordia Cristo con Belial? ¿O qué parte el creyente con el incrédulo?".

—2 Corintios 6:15

Puede llenar el corazón del creyente para que mienta

"Y dijo Pedro: Ananías, ¿por qué llenó Satanás tu corazón para que mintieses al Espíritu Santo, y sustrajeses del precio de la heredad?".

—Hechos 5:3

Hurta, mata y destruye

"El ladrón no viene sino para hurtar y matar y destruir; yo he venido para que tengan vida, y para que la tengan en abundancia".

—Juan 10:10

Le pide permiso a Dios para zarandear a los santos

"Dijo también el Señor: Simón, Simón, he aquí Satanás os ha pedido para zarandearos como a trigo".

—Lucas 22:31

Las obras de los demonios

Causan sordera y mudez

"Mientras salían ellos, he aquí, le trajeron un mudo, endemoniado. Y echado fuera el demonio, el mudo habló; y la gente se maravillaba, y decía: Nunca se ha visto cosa semejante en Israel".

—Mateo 9:32–33

"Y cuando Jesús vio que la multitud se agolpaba, reprendió al espíritu inmundo, diciéndole: Espíritu mudo y sordo, yo te mando, sal de él, y no entres más en él".

—Marcos 9:25

Causan ceguera y mudez

"Entonces fue traído a él un endemoniado, ciego y mudo; y le sanó, de tal manera que el ciego y mudo veía y hablaba".

—Mateo 12:22

Causan graves tormentos

"Y he aquí una mujer cananea que había salido de aquella región clamaba, diciéndole: ¡Señor, Hijo de David, ten misericordia de mí! Mi hija es gravemente atormentada por un demonio".

—Mateo 15:22

Causan locura y manías

"Vienen a Jesús, y ven al que había sido atormentado del demonio, y que había tenido la legión, sentado, vestido y en su juicio cabal; y tuvieron miedo".

—Marcos 5:15; ver también Mateo 17:14–21

Participan en toda clase de inmoralidades

"Y manifestas son las obras de la carne, que son: adulterio, fornicación, inmundicia, lascivia".

—Gálatas 5:19

Atacan el sistema nervioso

"Y se lo trajeron; y cuando el espíritu vio a Jesús, sacudió con violencia al muchacho, quien cayendo en tierra se revolcaba, echando espumarajos".

—Marcos 9:20

Pueden darle una fuerza sobrehumana a quien poseen

"Vinieron al otro lado del mar, a la región de los gadarenos. Y cuando salió él de la barca, en seguida vino a su encuentro, de los sepulcros, un hombre con un espíritu inmundo, que tenía su morada en los sepulcros, y nadie podía atarle, ni aun con cadenas. Porque muchas veces había sido atado con grillos y cadenas, mas las cadenas habían sido hechas pedazos por él, y desmenuzados los grillos; y nadie le podía dominar. Y siempre, de día y de noche, andaba dando voces en los montes y en los sepulcros, e hiriéndose con piedras".

—Marcos 5:1–5

Crean y propagan doctrinas de demonios

"Pero el Espíritu dice claramente que en los postreros tiempos algunos apostatarán de la fe, escuchando a espíritus engañadores y a doctrinas de demonios".

—1 Timoteo 4:1

Inducen a mentir

"Y salió un espíritu y se puso delante de Jehová, y dijo: Yo le induciré. Y Jehová le dijo:

¿De qué manera? Él dijo: Yo saldré, y seré espíritu de mentira en boca de todos sus profetas.

Y él dijo: Le inducirás, y aun lo conseguirás; ve, pues, y hazlo así".

—1 Reyes 22:21–22

Inspiran amor por el mundo y por las cosas materiales

"No améis al mundo, ni las cosas que están en el mundo. Si alguno ama al mundo, el amor del Padre no está en él. Porque todo lo que hay en el mundo, los deseos de la carne, los deseos de los ojos, y la vanagloria de la vida, no proviene del Padre, sino del mundo. Y el mundo pasa, y sus deseos; pero el que hace la voluntad de Dios permanece para siempre".

—1 Juan 2:15–17

Producen luchas y divisiones

"Porque aún sois carnales; pues habiendo entre vosotros celos, contiendas y disensiones, ¿no sois carnales, y andáis como hombres?".

—1 Corintios 3:3

Hacen que los hombres se vuelvan violentos

"Quien habla el bien, del bien se nutre, pero el infel padece hambre de violencia".

—Proverbios 13:2; NVI

Hacen que las personas traicionen a sus amigos

"Y cuando cenaban, como el diablo ya había puesto en el corazón de Judas Iscariote, hijo de Simón, que le entregase".

—Juan 13:2

Obstaculizan las oraciones y retrasan sus respuestas

"Entonces me dijo: Daniel, no temas; porque desde el primer día que dispusiste tu corazón a entender y a humillarte en la presencia de tu Dios, fueron oídas tus palabras; y a causa de tus palabras yo he venido. Mas el príncipe del reino de Persia se me opuso durante veintiún días; pero he aquí Miguel, uno de los principales príncipes, vino para ayudarme, y quedé allí con los reyes de Persia".

—Daniel 10:12–13

Se manifestan a través de hombres y animales

"Pero la serpiente era astuta, más que todos los animales del campo que Jehová Dios había hecho; la cual dijo a la mujer:
¿Conque Dios os ha dicho: No comáis de todo árbol del huerto?".

—Génesis 3:1; ver también Mateo 16:23

Oponen resistencia cuando se los trata de expulsar

"Y mientras se acercaba el muchacho, el demonio le derribó y le sacudió con violencia; pero Jesús reprendió al espíritu inmundo, y sanó al muchacho, y se lo devolvió a su padre".

—Lucas 9:42

Molestan y tratan de contaminar a los que buscan a Dios

"Y entraron en Capernaúm; y los días de reposo, entrando en la sinagoga, enseñaba. Y se admiraban de su doctrina; porque les enseñaba como quien tiene autoridad, y no como los escribas. Pero había en la sinagoga de ellos un hombre con espíritu inmundo, que dio voces, diciendo: ¡Ah!, ¿qué tienes con nosotros, Jesús Nazareno? ¿Has venido para destruirnos? Sé quién eres, el Santo de Dios. Pero Jesús le reprendió, diciendo: ¡Cállate, y sal de él! Y el espíritu inmundo, sacudiéndole con violencia, y clamando a gran voz, salió de él. Y todos se asombraron, de tal manera que discutían entre sí, diciendo: ¿Qué es esto? ¿Qué nueva doctrina es esta, que con autoridad manda aun a los espíritus inmundos, y le obedecen?".

—Marcos 1:21–27

Creen y tiemblan

"Tú crees que Dios es uno; bien haces. También los demonios creen, y tiemblan".

—Santiago 2:19

Planifcan nuevas y peores posesiones

"Entonces va, y toma consigo otros siete espíritus peores que él, y entrados, moran allí; y el postrer estado de aquel hombre viene a ser peor que el primeRomanos Así también acontecerá a esta mala generación".

—Mateo 12:45

Pueden posesionar niños. No respetan edad

"Jesús preguntó al padre: ¿Cuánto tiempo hace que le sucede esto? Y él dijo: Desde niño".

—Marcos 9:21, ver también Marcos 7:25

Sus obras abundan

"Y aun de las ciudades vecinas muchos venían a Jerusalén, trayendo enfermos y atormentados de espíritus inmundos; y todos eran sanados".

—Hechos 5:16; ver también Hechos 8:9; 19:19

No salen bajo la orden de un incrédulo o impío

"Pero algunos de los judíos, exorcistas ambulantes, intentaron invocar el nombre del Señor Jesús sobre los que tenían espíritus malos, diciendo: Os conjuro por Jesús, el que predica Pablo. Había siete hijos de un tal Esceva, judío, jefe de los sacerdotes, que hacían esto. Pero respondiendo el espíritu malo, dijo: A Jesús conozco, y sé quién es Pablo; pero vosotros, ¿quiénes sois? Y el hombre en quien estaba el espíritu malo, saltando sobre ellos y dominándolos, pudo más que ellos, de tal manera que huyeron de aquella casa desnudos y heridos".

—Hechos 19:13–16

No son humanos y pueden ser expulsados

"Y estas señales seguirán a los que creen: En mi nombre echarán fuera demonios; hablarán nuevas lenguas".

—Marcos 16:17

El diablo es un título o nombre para Satanás, el príncipe de los demonios

"Pero los fariseos decían: Por el príncipe de los demonios echa fuera los demonios".

—Mateo 9:34

Satanás es el máximo líder diabólico y el origen de todo el mal en el universo

"El ladrón no viene sino para hurtar y matar y destruir; yo he venido para que tengan vida, y para que la tengan en abundancia".

—Juan 10:10

Las capacidades de los demonios

La siguiente lista revela algunas de las cosas que los demonios pueden hacer.

Enseñar

"Pero el Espíritu dice claramente que en los postreros tiempos algunos apostatarán de la fe, escuchando a espíritus engañadores y a doctrinas de demonios".

—1 Timoteo 4:1

Robar

"Cuando alguno oye la palabra del reino y no la entiende, viene el malo, y arrebata lo que fue sembrado en su corazón. Este es el que fue sembrado junto al camino".

—Mateo 13:19; ver también Lucas 8:12; 1 Pedro 5:8–9

Luchar contra los cristianos

"Porque no tenemos lucha contra sangre y carne, sino contra principados, contra potestades, contra los gobernadores de las tinieblas de este siglo, contra huestes espirituales de maldad en las regiones celestes".

—Efesios 6:12

Predecir el futuro (adivinación)

"Aconteció que mientras íbamos a la oración, nos salió al encuentro una muchacha que tenía espíritu de adivinación, la cual daba gran ganancia a sus amos, adivinando".

—Hechos 16:16; ver también Levítico 20:27

Airarse

"Por lo cual alegraos, cielos, y los que moráis en ellos. ¡Ay de los moradores de la tierra y del mar! porque el diablo ha descendido a vosotros con gran ira, sabiendo que tiene poco tiempo".

—Apocalipsis 12:12

Familiarizarse con los malvados y entablar relaciones con ellos

Y la persona que atendiere a encantadores o adivinos, para prostituirse tras de ellos, yo pondré mi rostro contra la tal persona, y la cortaré de entre su pueblo".

—Levítico 20:6

Entrar y salir de una persona hasta que se les oponga resistencia

"Cuando el espíritu inmundo sale del hombre, anda por lugares secos, buscando reposo, y no lo halla. Entonces dice: Volveré a mi casa de donde salí; y cuando llega, la halla desocupada, barrida y adornada".

—Mateo 12:43–44; ver también Marcos 9:25

Hacerse pasar por los muertos

"Y si os dijeren: Preguntad a los encantadores y a los adivinos, que susurran hablando, responded: ¿No consultará el pueblo a su Dios? ¿Consultará a los muertos por los vivos?".

—Isaías 8:19

Defenderse

"Pero respondiendo el espíritu malo, dijo: A Jesús conozco, y sé quién es Pablo; pero vosotros, ¿quiénes sois? Y el hombre en quien estaba el espíritu malo, saltando sobre ellos y dominándolos, pudo más que ellos, de tal manera que huyeron de aquella casa desnudos y heridos".

—Hechos 19:15–16

Revelar cosas espirituales

"[. . .] diciendo: ¡Ah!, ¿qué tienes con nosotros, Jesús Nazareno? ¿Has venido para destruirnos? Sé quién eres, el Santo de Dios".

—Marcos 1:24 ver también Hechos 16:16–18

Conversar

"Pero la serpiente era astuta, más que todos los animales del campo que Jehová Dios había hecho; la cual dijo a la mujer: ¿Conque Dios os ha dicho: No comáis de todo árbol del huerto?

Y la mujer respondió a la serpiente: Del fruto de los árboles del huerto podemos comer; pero del fruto del árbol que está en medio del huerto dijo Dios: No comeréis de él, ni le tocaréis, para que no murálsaías Entonces la serpiente dijo a la mujer: No moriréis; sino que sabe Dios que el día que comáis de él, serán abiertos vuestros ojos, y seréis como Dios, sabiendo el bien y el mal".

—Génesis 3:1–5

Algunas de las obras de Satanás no
serán destruidas sino hasta el fin

Las únicas obras de Satanás que no serán completamente destruidas en nuestro tiempo son las siguientes:

1. Todo el pecado y la rebelión de los hombres:

   Romanos 1:27–31; 7:14–25.

2. El gobierno de Satanás sobre las naciones:

   1 Juan 5:19.

3. El reino de la muerte:

   Hebreos 9:27.

4. La continua oposición de Satanás hacia los santos:

   Efesios 6:12; 1 Pedro 5:8.

5. La existencia de la brujería y sus engaños:

   Ezequiel 13:18–23; Gálatas 5:19–21; Apocalipsis 9:21; 21:8; 22:15.

6. La existencia de varias religiones y engaños:

   Mateo 24:5, 11; 1 Timoteo 4:1; 2 Pedro 2:1

7. La ferocidad de los animales y sus ataques sobre los hombres:

Eclesiastés 10:8

Sin embargo, todas estas cosas serán destruidas para siempre durante el milenio.

"Luego el fn, cuando entregue el reino al Dios y Padre, cuando haya suprimido todo dominio, toda autoridad y potencia. Porque preciso es que él reine hasta que haya puesto a todos sus enemigos debajo de sus pies. Y el postrer enemigo que será destruido es la muerte. Porque todas las cosas las sujetó debajo de sus pies. Y cuando dice que todas las cosas han sido sujetadas a él, claramente se exceptúa aquel que sujetó a él todas las cosas. Pero luego que todas las cosas le estén sujetas, entonces también el Hijo mismo se sujetará al que le sujetó a él todas las cosas, para que Dios sea todo en todos".

—1 Corintios 15:24–28

El ministerio de liberación

9

El ministerio de liberación

Mi pueblo fue destruido,
porque le faltó conocimiento.

—Oseas 4:6

El mayor desafío de un creyente que necesita y desea ser liberado es buscar conocimiento sobre su naturaleza y su condición espiritual, y sobre cómo el pecado afecta cada aspecto de su vida. Una liberación sin este conocimiento solo puede tener un efecto temporal. Debemos guiar e instruir al creyente para que entienda su crisis espiritual y emocional antes de intentar el proceso de liberación. Solo así, el proceso será efectivo.

El significado de liberación

Liberación puede defnirse como: "Emancipar del cautiverio, la esclavitud, o cualquier otro tipo de control. Rescatar de un peligro o del mal". "Dios me envió [. . .] para daros vida por medio de gran liberación" (Génesis 45:7). Liberación también puede signifcar "dejar en libertad, cancelar una deuda, salvación, conquista, resguardo, rescate, alivio, escape y libertad".

El deseo de quien necesita ser liberado y que busca la liberación debería ser entregarse voluntariamente al señorío de Jesucristo. Esta entrega debe involucrar su alma, su mente, su cuerpo y su espíritu.

Ser liberado signifca que la persona escoge remplazar sus valores y deseos personales por los del Reino de Dios. Ha alcanzado un punto en el que está lista para ser limpiada de todas sus impurezas e iniquidades.

"En cuanto a la pasada manera de vivir, despojaos del viejo hombre, que está viciado conforme a los deseos engañosos, y renovaos en el espíritu de vuestra mente, y vestíos del nuevo hombre, creado según Dios en la justicia y santidad de la verdad".

—Efesios 4:22–24

La Iglesia ha sido llamada a cumplir la gran comisión de hacer discípulos, instruirlos, sanar a los enfermos, y liberar a los cautivos. El mismo espíritu que operaba en el ministerio de liberación de Jesús en la tierra, también mora en cada creyente.

"El Espíritu del Señor está sobre mí, por cuanto me ha ungido para dar Buenas Nuevas a los pobres; me ha enviado a sanar a los quebrantados de corazón; a pregonar libertad a los cautivos, y vista a los ciegos; a poner en libertad a los oprimidos".

—Lucas 4:18

Si comparamos el ministerio de liberación de hoy con la manera en que lo practicaba Jesús, encontraremos varias cosas interesantes.

El exorcismo público formaba parte del ministerio diario de Jesús. Aunque la gente de su tiempo reconocía y practicaba el exorcismo, Jesús expulsaba demonios con una autoridad que asombraba a todos.

Los mayores milagros del ministerio de Jesús, como las curaciones, el dominio sobre la naturaleza, y las resurrecciones, habían sido todos realizados una o más veces por los profetas del Antiguo Testamento. Sin embargo, la expulsión de demonios era exclusiva de Jesús, y revelaba que la autoridad del Reino de Dios estaba presente. La mayoría de los individuos a quienes Jesús les expulsaba demonios eran judíos normales y religiosos.

Si los demonios eran un problema en las sinagogas del Israel ortodoxo, ¿por qué habrían de ser un problema menor en las iglesias de Estados unidos hoy en día?

A los demonios se les han asignado dos tareas:

1. Deben evitar que la humanidad conozca a Jesucristo como Señor y Salvador.
2. Si fracasan en eso, evitar que los creyentes sirvan a Jesucristo efectivamente.

Dos fuentes primarias de problemas humanos

Como dijimos en la Introducción de este libro, hay dos fuentes principales de problemas humanos: *la carne* y *los demonios*. Nosotros no podemos expulsar la carne, por mucho que quisiéramos hacerlo. Tampoco podemos crucifcar a los demonios.

En general, la actividad demoníaca evitará que un individuo alcance la victoria permanente. Puede llegar a obtener un alivio temporal invirtiendo tiempo en el estudio de la Biblia, orando, ayunando, o practicando la disciplina; pero el problema resurgirá, ocasionando derrota y desánimo. Los demonios esperan esos momentos de debilidad, y entonces atacan a la persona en algún aspecto particular.

Cualquier comportamiento compulsivo podría ser de origen demoníaco. Cuando una persona hace una oración de confesión y se arrepiente una y otra vez de cierto pecado, pero no parece lograr librarse de el, puede convertirse en un esclavo del poder demoníaco.

Los demonios harán que la persona se sienta sucia e inmoral. A veces introducen pensamientos e imágenes viles en la mente, especialmente cuando la persona busca estudiar la Palabra de Dios, o servir a Dios y a su pueblo.

> Si hay un pecado entre la persona y Dios,
> no habrá liberación hasta que ese
> pecado sea confesado.

Un ejemplo de un pecado que impide que algunas mujeres alcancen la liberación es el aborto deliberado. Dios perdonará el pecado, pero debe ser confesado como asesinato.

Cuando el Espíritu de Dios mora en un individuo, no deja que las obras del enemigo permanezcan ocultas. A medida que el Espíritu de Dios vaya revelando las obras del enemigo, el creyente debe levantarse, revestirse de fe y resistir al enemigo en cada aspecto hasta obtener su libertad, y así poder ser lo que Dios desea de él. No existe un sustituto para el arrepentimiento, la autodisciplina, la crucifxión de la carne o el perdón y la confesión de los pecados.

Estas son algunas de las cosas fundamentales que debemos identifcar en una persona que desea ser liberada:

1. Discierna si su voluntad está activa o no.
2. Pregúntele si está siendo incapaz de lidiar con los problemas de todos los días.
3. Fíjese si tiene muchos trabajos o proyectos inconclusos.
4. Determine si le cuesta concentrarse.

5. Observe si ejecuta acciones o movimientos *mecánicos*.
6. Discierna si no es capaz de tomar decisiones o de iniciar acciones.

Si la persona deja de estar activa, Dios no puede usarla porque su voluntad ya no está en acción. Los espíritus malignos se aprovechan fácilmente de la pasividad. La pasividad presupone que Dios es quien decide todo por esa persona.

"La salvación es de Jehová; sobre tu pueblo sea tu bendición".

—Salmos 3:8

10

Requisitos para el ministerio de liberación

El Espíritu del Señor está sobre mí,
por cuanto me ha ungido para dar
Buenas Nuevas a los pobres; me ha enviado
a sanar a los quebrantados de corazón;
a pregonar libertad a los cautivos,
y vista a los ciegos; a poner en libertad
a los oprimidos.

—Lucas 4:18

El ministerio de liberación ha sido dado al Cuerpo de Cristo para que lo ponga en práctica junto con los ministerios principales de la Iglesia. Particularmente, creo que hay una unción especial que es dada a diferentes individuos a través de quienes operan los dones de discernimiento, y que estos creyentes tienen la capacidad de ministrarles a las personas que están oprimidas por el diablo.

Este ministerio demanda preparación y lealtad a Dios. La oración es muy necesaria para entablar la batalla contra las fuerzas espirituales, a fn de traer liberación. La vida personal debe ser de disciplina en la oración, el ayuno, y la Palabra.

La pureza en su vida personal es indispensable. El creyente que tiene libertad de actuar con seguridad en territorio enemigo, es aquel que siente pasión por la justicia y odio por el mal. Debe estar limpio de toda contaminación de la carne y el espíritu, y manifestar una santidad perfeccionada en el temor al Señor.

El ministro de liberación debe estar en control del tiempo que le conceda al ministerio. No permita que el diablo lo impulse a ministrar. Es usted quien establece las condiciones y tiene el control. El ministro debe limitar los días y las horas en los que practicará el ministerio.

Requerimientos antes de administrar liberación

Antes de ministrar liberación a alguien, deben hacerse varias preguntas.

1. ¿Está lista la persona, o solo desea un alivio temporal?
2. ¿Desea solo que se le ministre temporalmente y no recibir una liberación permanente?
3. ¿Cuenta con un conocimiento sufciente de la verdad como para mantenerse liberado?

Ore para que Dios le dé discernimiento. El discernimiento es un don que se desarrolla por medio de la experiencia y la sagacidad.

Ore solicitando poder y autoridad. El poder lo obtendrá del Espíritu Santo, según el grado de su fe. Si usted experimenta victoria en su propia vida individual, entonces el poder de Dios en su vida será evidente.

> El sometimiento a la autoridad
> da autoridad. La plenitud del
> espíritu Santo da poder.

Satanás es el padre de la mentira y el engaño. Debemos confrontar las mentiras de Satanás con la Palabra de Dios. La Palabra nos da poder y autoridad. Es una espada de doble filo.

- Dios es nuestra fortaleza (Salmos 18:1–3).
- Él otorga el ministerio a aquellos que tienen manos limpias (Salmos 8:20–24).
- Él nos da poderes sobrenaturales (Salmos 18:32–36).
- Él es nuestra protección (Isaías 41:10–13).

Requerimientos para un ministro de liberación

Para poder ser un ministro de liberación efectivo, el creyente debe estar afrmado en la Palabra. Debe saber lo que la Palabra dice sobre Satanás y sus demonios, y sobre su poder y debilidades.

Ha de actuar de acuerdo a la Palabra de Dios y no basado en el conocimiento humano de experiencias pasadas.

Ha de conocer su autoridad y actuar en ella por fe, con seguridad y sin temor. No debe mostrar señales de miedo. Debe ser inmune a los espíritus críticos de hombres y mujeres.

Ha de vivir continuamente en la fortaleza del Señor, bajo la dirección del Espíritu Santo.

No puede mostrar señal alguna de enfermedad física, temor, aficción emocional, o derrota.

En otras palabras, debe ser valiente para llevar una vida victoriosa diaria como ministro de liberación.

Recompensas para el vencedor

Estas son algunas de las recompensas que Dios ofrece para los que venzan:

"Porque todo lo que es nacido de Dios vence al mundo".

—1 Juan 5:4

"Estas cosas os he hablado para que en mí tengáis paz. En el mundo tendréis aficción; pero confad, yo he vencido al mundo".

—Juan 16:33

"No seas vencido de lo malo, sino vence con el bien el mal".

—Romanos 12:21

"El que tiene oído, oiga lo que el Espíritu dice a las iglesias. Al que venciere, le daré a comer del árbol de la vida, el cual está en medio del paraíso de Dios".

—Apocalipsis 2:7

"El que venciere, no sufrirá daño de la segunda muerte".

—Apocalipsis 2:11

"Al que venciere, daré a comer del maná escondido".

—Apocalipsis 2:17

"El que venciere será vestido de vestiduras blancas; y no borraré su nombre del libro de la vida, y confesaré su nombre delante de mi Padre, y delante de sus ángeles".

—Apocalipsis 3:5

"Al que venciere, le daré que se siente conmigo en mi trono, así como yo he vencido, y me he sentado con mi Padre en su trono".

—Apocalipsis 3:21

Los espíritus malignos y las manifestaciones relacionadas con ellos

A continuación una lista de algunos espíritus malignos y sus manifestaciones.

1. Espíritu de rechazo: miedo al rechazo, rechazo propio, rebelión.
2. Espíritu de deseo: deseo sexual o mundanal.
3. Espíritu de acusación: acusación propia, acusación a otros, confesiones negativas.
4. Espíritu de individualismo: terquedad, egoísmo, personalismo.
5. Espíritu de autoengaño: decepción propia.
6. Espíritu de celos: envidia, recelos, desconfanza, persecución, confrontación.
7. Espíritu de resentimiento: resentimiento, rencor, bloqueo mental, control mental, melancolía, soledad, tristeza.
8. Espíritu de adicción: adicción al alcohol, las drogas, el tabaco; glotonería, antojos, etcétera.
9. Espíritu de escasez económica: ocasiona pobreza.
10. Espíritu de autocompasión: lástima de uno mismo, falsa compasión, falsa responsabilidad.
11. Espíritu de rencor: odio, ira, violencia, suicidio, asesinato, muerte, venganza.
12. Espíritu de perfección: orgullo, vanidad, frustración, intolerancia.
13. Espíritu crítico: juzga, teme a la crítica, se niega a aprender.
14. Espíritu de culpabilidad: ocasiona sentimientos de indignidad y de vergüenza.
15. Espíritu de depresión: desesperanza, desánimo, abatimiento, desesperación.

16. Espíritu de enfermedad: dolores de cabeza, reumatismos, artritis, diabetes, impurezas en la sangre, cánceres, tumores, problemas cardíacos, ceguera, sordera y alergias.

17. Espíritu de cansancio y de holgazanería: genera dudas, incredulidad, despreocupación, postergación.

18. Espíritu de conciencia propia: timidez, retraimiento, sensibilidad excesiva, locuacidad.

19. Espíritu de fantasía: ensoñaciones, irrealidad, imaginación vívida, malcriadez, retraimiento.

20. Espíritu de nerviosismo: tensiones, miedos, locura.

21. Espíritu de brujería: está relacionado con lo oculto, maldiciones, oscuridad, el anticristo, control mental, cultos satánicos.

22. Espíritu religioso: son espíritus familiares. Causan esquizofrenia y confusión.

Oración de liberación

Repita esta oración bajo la dirección de un ministro de liberación:

Padre celestial: Vengo delante de ti con gozo en mi corazón, con la convicción de que vas a liberarme de todos los obstáculos diabólicos en mi vida y en mi relación contigo. Te confeso mis pecados, Padre, especialmente los pecados de resentimiento, y el no perdonar a los demás. También te confeso todos los pecados que he cometido durante toda mi vida, incluyendo aquellos que he dejado de confesar y que he olvidado. Acepto tu perdón, y me arrepiento por tener todas estas cosas en mi corazón.

Padre, te confeso que cuando sea libre, no gobernaré ni reinaré más sobre mi propia vida. Permitiré que el Espíritu Santo dirija mi vida cada día a partir de este momento. Regreso a la cruz para crucificar mi carne con Jesús. Padre, vengo a dejar todos mis problemas, grandes y pequeños, al pie de la cruz. Los dejo allí para que tú te encargues de ellos, y te agradezco de antemano por hacer esto por mí.

Dejo ahora la cruz bajo la dirección del Espíritu Santo, y espero que el plan perfecto para mi vida sea revelado. También espero tu ayuda para ministrar con señales, prodigios y milagros, para glorifcar tu nombre.

Ahora declaro contra ti, Satanás, por la autoridad que me ha sido conferida por Jesucristo en el Calvario. ¡Vengo contra ti y contra todos los demonios que has puesto en mi vida! [Renuncie a todos los espíritus de la carne enumerados en la Palabra de Dios, así como a todos los espíritus heredados y los espíritus que se les relacionan. Renuncie a cualquier demonio que sea un factor de perturbación en su vida, así como a todo lo demás que pueda entorpecer su vida familiar, haya sido nombrado o no, heredado o no. Luego, bajo la dirección de su ministro de liberación, expulse todas esas cosas de su vida a través de su autoridad espiritual. Envíe estas cosas a los lugares secos para siempre].

Amén.

11

Cómo mantener
su libertad

Y todo aquel que invocare el nombre
de Jehová será salvo.

—Joel 2:32

Aveces, algunos creyentes que han pasado por el proceso de liberación a través de un ministro de liberación, y que han sido liberados de infuencias malignas y de toda opresión demoníaca, vuelven a tener los mismos problemas, e incluso peores, al poco tiempo. Esto genera confusión y afecta la credibilidad del ministerio de liberación. *La intención de este capítulo es aclarar confusiones y proveer luz espiritual sobre cómo mantener la libertad obtenida.*

La liberación de la opresión demoníaca no es una especie de *reparación rápida* o *píldora mágica* que ayuda a alguien a librarse de un problema. La persona liberada debe jugar un papel protagónico activo para poder mantener esa libertad que el Señor ha manifestado en su vida.

A veces surgen problemas después de la liberación como resultado de la euforia. Algunas personas se sienten tan emocionadas después del proceso de liberación, que se olvidan de las instrucciones que han recibido para mantenerse libres. A veces los problemas son el resultado de ignorar las instrucciones divinas sobre los requisitos para la liberación, y lo que la Biblia dice sobre nuestros errores en la vida.

Tenemos que recordar que la persona que necesita liberación ha sido fuertemente agredida por Satanás, y es posible que se le difculte llevar una vida normal. Está debilitada moral, física y espiritualmente. A pesar de que el poder del enemigo ha sido quebrantado por la liberación, la persona seguirá necesitando apoyo espiritual hasta que esté lo sufcientemente fuerte como para resistir a Satanás por sí sola.

Esto no signifca que tendremos que cuidar a esta persona como a un niño, pero sí ofrecerle dirección espiritual bíblica y apoyarla con oración.

Así como un individuo recién convertido requiere de dirección y apoyo, también ocurre lo mismo con la persona recién liberada. Muchos son abandonados en el desierto de la derrota y el conficto por la falta de apoyo espiritual después del proceso de liberación. *Es necesario adiestrarlos para que se defendan de futuros ataques satánicos, y para que logren la victoria absoluta.*

Las mentes debilitadas
deben ser transformadas según
la mente de Cristo.

Esto requiere de tiempo y de la ayuda de otros cristianos, especialmente en los casos de personas que han sido liberadas de la brujería, de hechizos, o de alguna clase de adoración satánica. Deben aprender a caminar con Dios, y ser fortalecidos y edifcados en la Palabra y la fe.

Hay ciertos pasos que los cristianos deben dar con el propósito de mantenerse frmes en la nueva libertad que han alcanzado. La liberación es una experiencia maravillosa que Dios quiere que vivamos a diario. Su palabra lo enseña. Como ya lo mencionamos, el propósito de este capítulo es dar a conocer la Palabra de Dios para que muchos puedan vivir de manera victoriosa a través de Jesucristo.

Doce pasos para mantener su libertad

1. No hable de su liberación con aquellos que no creen en este tipo de ministerio

"No deis lo santo a los perros, ni echéis vuestras perlas delante de los cerdos, no sea que las pisoteen, y se vuelvan y os despedacen".

—Mateo 7:6

El incrédulo siempre buscará darle su opinión sobre el tema de la liberación. Cuando usted le pidió al Señor Jesús que lo salvara, tuvo por fe la seguridad de que Él lo hizo. Lo mismo ocurre con la liberación, así que evite escuchar opiniones negativas.

Quienes no creen en el ministerio de liberación seguramente tampoco creen en los demonios. Satanás utilizará a estas personas para tratar de sembrar la duda en usted. Apenas usted dude, le abrirá nuevamente la puerta a la opresión, la cual podría manifestarse peor que antes.

"Y no pudo hacer allí ningún milagro, salvo que sanó a unos pocos enfermos, poniendo sobre ellos las manos. Y estaba asombrado de la incredulidad de ellos".

—Marcos 6:5–6

Si usted recibió su liberación con fe y expectativa, probablemente se sintió emocionado y deseoso de contárselo inmediatamente a alguien. Ahora, eso no signifca que si usted no sintió esa emoción no haya sido liberado.

Habrá personas con quienes compartirá su testimonio de liberación que dudarán y no recibirán su ministerio. Usted se asombrará de su incredulidad. El consejo es que plante la semilla y se aparte. Hay muchos otros lugares y personas a quienes podrá ministrar. Simplemente sorpréndase ante su incredulidad, y continúe creyendo en que la Palabra de Dios tiene poder para liberar a los cautivos.

La Palabra dice que todo aquel que invoque el nombre de Jehová, será salvo (Jl. 2:32). Usted invocó al Señor cuando buscaba su liberación; ahora crea que él lo hará. "Dios no es hombre, para que mienta" (Nm. 23:19).

Repetimos: la clave está en *creer*. Dios nos manda a buscarlo diligentemente. Nuestra relación con el Señor depende de que creamos y obedezcamos sus mandamientos. El enemigo intentará que usted deje de creer, para que también deje de obedecer.

> Nadie puede derribar
> sus creencias a menos que
> usted se lo permita.

Al creer, usted le cierra la puerta a Satanás y le abre su corazón al Espíritu Santo, permitiéndole que obre en su vida. El Señor dice que la batalla es suya, así que debemos regocijarnos de que él quiera pelear por nosotros. Mientras usted no esté frme en su liberación y sanación, debe mantenerse alejado de los incrédulos que Satanás quiere usar en su contra. Permita que Dios lo edifque en la nueva etapa de fe que ha alcanzado.

2. Destruya todo objeto o literatura que se relacione con ocultismo

Sea cuidadoso con lo que lleva a su casa. Lea solo cosas que agraden a Dios.

"Y muchos de los que habían creído venían, confesando y dando cuenta de sus hechos. Asimismo muchos de los que habían practicado la magia trajeron los libros y los quemaron delante de todos; y hecha la cuenta de su precio, hallaron que era cincuenta mil piezas de plata".

—Hechos 19:18–19

La Palabra dice: "Someteos, pues, a Dios; resistid al diablo, y huirá de vosotros" (Santiago 4:7). Pídale a Dios que le muestre todas las cosas en su casa que no son de su agrado, y él se las revelará. Deshágase o destruya cualquier cosa diabólica, como tablas de güija, libros y juegos de ocultismo, pentagramas, cartas del tarot, estatuas, ídolos, etcétera. No permita nada de carácter pornográfco en su hogar. Hay un espíritu peligroso y perverso relacionado con la pornografía. No le ceda ni un milímetro al diablo. No deje ni una sola puerta abierta para que él pueda entrar a oprimirlo nuevamente.

"Cuando entres a la tierra que Jehová tu Dios te da, no aprenderás a hacer según las abominaciones de aquellas naciones. No sea hallado en ti quien haga pasar a su hijo o a su hija por el fuego, ni quien practique adivinación, ni agorero, ni sortílego, ni hechicero, ni encantador, ni adivino, ni mago, ni quien consulte a los muertos. Porque es abominación para con Jehová cualquiera que hace estas cosas, y por estas abominaciones Jehová tu Dios echa estas naciones de delante de ti. Perfecto serás delante de Jehová tu Dios".

—Deuteronomio 18:9–13

Usted no debe tener ninguna clase de relación con la tierra de la que Dios lo liberó. Evite todo contacto con la maldad. El Señor dice en el versículo 13: "Perfecto serás". Esto signifca ser sincero y recto. Ser sincero con el Señor, y recto al alejarse de la esclavitud satánica y permitir que Dios lo mantenga frme en su libertad.

3. Estudie diariamente las Escrituras y dedique tiempo a solas con Dios

Conviértase en un practicante y no solo en un oyente de la Palabra.

"Procura con diligencia presentarte a Dios aprobado, como obrero que no tiene de qué avergonzarse, que usa bien la palabra de verdad".

—2 Timoteo 2:15

Es importante que usted conozca las Escrituras, de manera que pueda declarar la Palabra cuando el enemigo trate de engañarlo. Usted no tendrá de qué avergonzarse, porque el Señor puede obrar rápidamente cuando su Palabra es declarada. Su palabra jamás retornará vacía, sino que completará lo que Dios quiere (Isaías 55:11).

Leer la Palabra cada día mantendrá lúcida su mente y lo conservará sólido en la fe. El enemigo intentará destruir su fe en todo momento. La fe se desarrolla por el estudio de la Palabra de Dios.

"Así que la fe es por el oír, y el oír, por la palabra de Dios".

—Romanos 10:17

"Escrito está: No solo de pan vivirá el hombre, sino de toda palabra que sale de la boca de Dios".

—Mateo 4:4

La Palabra es el alimento del espíritu, así como el pan lo es para el cuerpo. Si usted no permanece en la Palabra, su espíritu sufrirá de desnutrición. Esto le proporciona al enemigo una posible ventana de entrada. Él siempre anda buscando una puerta de entrada a la casa de donde fue expulsado.

"Desead, como niños recién nacidos, la leche espiritual no adulterada, para que por ella crezcáis para salvación".

—1 Pedro 2:2

Usted no puede pretender que después de haber escuchado la Palabra una y otra vez, esta siga siendo solo leche para usted. Hay poder en cada letra de la Palabra de Dios. Pídale al Señor que ponga en usted el deseo de recibir la Palabra de Dios como un recién nacido. El deseo representa una gran diferencia en la manera en que usted crece espiritualmente.

"Lámpara es a mis pies tu palabra,
     y lumbrera a mi camino".

—Salmos 119:105

Permita que Dios lo lleve a su hogar, y que sea la luz que alumbre el camino que él ha puesto delante de usted. Haga buenas confesiones, proclame la Palabra de Dios y permita que él obre en su vida.

"Nunca se apartará de tu boca este libro de la ley, sino que de día y de noche meditarás en él, para que guardes y hagas conforme a todo lo que en él está escrito; porque entonces harás prosperar tu camino, y todo te saldrá bien".

—Josué 1:8

Dios dice que si usted medita en la Palabra y la sigue, permitiendo que su mente esté siempre presta a obedecerla, él hará prosperar su camino y todo le saldrá bien. Por otra parte, si usted no estudia y obedece la Palabra de Dios, ¿cómo puede esperar ser exitoso y prosperar? A veces una pequeña dosis de humildad de parte de Dios puede ser necesaria. No menosprecie la disciplina, sino más bien agradézcala, porque la disciplina de Dios es para su bien (ver Hebreos 12:5–6).

Responda a la Palabra de Dios y permita que esta transforme su vida, en vez de tratar de cambiar al mundo para que este se adapte a su estilo de vida.

"Temblad, y no pequéis;
    meditad en vuestro corazón estando en vuestra cama,
    y callad".

—Salmos 4:4

Debemos mantener un sano temor al Señor si queremos que nuestra vida permanezca en equilibrio. Mientras estemos en comunión con Dios y meditemos en su Palabra, él permanecerá con nosotros. Es imposible que nuestros enemigos nos opriman si tenemos una relación pura con Dios.

"Hijo mío, está atento a mis palabras;
    inclina tu oído a mis razones.
No se aparten de tus ojos;
    guárdalas en medio de tu corazón;
porque son vida a los que las hallan,
    y medicina a todo su cuerpo.
Sobre toda cosa guardada,
    guarda tu corazón;
    porque de él mana la vida".

—Proverbios 4:20–23

Leer la Palabra infundirá vida al hombre espiritual y salud al hombre físico. Se nos pide que guardemos nuestro corazón manteniéndonos en la Palabra de Dios.

> "¡Generación de víboras! ¿Cómo podéis hablar lo bueno, siendo malos? Porque de la abundancia del corazón habla la boca. El hombre bueno, del buen tesoro del corazón saca buenas cosas; y el hombre malo, del mal tesoro saca malas cosas".
>
> —Mateo 12:34–35

Cuando la Palabra de Dios está arraigada en su espíritu, lo capacita para discernir lo que es malo y lo que es bueno, lo que agrada a Dios y lo que le desagrada.

Usted sabrá entonces el camino que Dios tiene para su vida y podrá permanecer en él, evitando obstáculos y la necesidad de nuevas sesiones de liberación.

> "Pero sed hacedores de la palabra, y no tan solamente oidores, engañándoos a vosotros mismos. Porque si alguno es oidor de la palabra pero no hacedor de ella, este es semejante al hombre que considera en un espejo su rostro natural. Porque él se considera a sí mismo, y se va, y luego olvida cómo era. Mas el que mira atentamente en la perfecta ley, la de la libertad, y persevera en ella, no siendo oidor olvidadizo, sino hacedor de la obra, este será bienaventurado en lo que hace".
>
> —Santiago 1:22–25

Hay una poderosa fuente de sabiduría y poder disponible para usted en la Palabra de Dios. Si no obedece y hace lo que dice la Palabra, se está engañando a usted mismo. Para entender la Palabra, debe leerla y meditar en ella repetidamente, hasta que oiga lo que esta quiere decirle en lo profundo de su corazón. A medida que renueve la Palabra en su mente, y esta llegué a su corazón, se irá injertando en su espíritu. La palabra injertada se convertirá en su fuente de bendiciones. Será un ancla en tiempo de tribulaciones. Después que usted oye la Palabra, Dios espera que actúe. Si no pone la Palabra en acción, pronto la olvidará. Fíjese, por ejemplo, que cuanto más usted hace una tarea específa en su casa o trabajo, esta más fácil se vuelve a causa de la repetición. Lo mismo ocurre con la Palabra de Dios. Cuanto más digo: "Señor, perdóname como yo perdono a otros", más presto me siento a perdonar. Esta práctica le permitirá convertirse en un hacedor de la Palabra de Dios. Dios entonces lo bendecirá ayudándolo con sus cargas y debilidades. Dios ha provisto en su Palabra de todo lo que usted necesita, incluyendo cómo mantener su libertad y cómo usar su autoridad sobre todas las obras del enemigo.

> "Porque no son los oidores de la ley los justos ante Dios, sino los hacedores de la ley serán justifcados".
>
> —Romanos 2:13

Este versículo nos exhorta nuevamente a actuar. Muchos asisten a los servicios de la iglesia a oír, leer, y a adquirir conocimiento de la Biblia, pero Dios está buscando hacedores. Hemos sido puestos en esta tierra para ser hacedores y ministros, personas que se ocupen del Reino de Dios.

Jesús y sus palabras son nuestro ejemplo. Pero si no sabemos cuál es su propósito para nuestra vida, ¿cómo podemos poner en práctica las cosas para las que nos ha dado autoridad? Debemos tener la misma fe que Jesús tuvo en Dios. De esa manera, podremos cumplir el plan que él tiene para nosotros. Nosotros podemos tener un plan general, pero el plan de él será perfecto.

4. Desarrolle una vida de oración constante

Ore en el espíritu varias veces al día. Tenga una comunión frecuente con Dios.

"Porque si yo oro en lengua desconocida, mi espíritu ora, pero mi entendimiento queda sin fruto. ¿Qué, pues? Oraré con el espíritu, pero oraré también con el entendimiento; cantaré con el espíritu, pero cantaré también con el entendimiento".

—1 Corintios 14:14–15

Pablo creía en orar y cantar en lenguas, pero con el entendimiento (su mente). Él hablaba más en lenguas que toda la iglesia de Corinto. Muchas veces no sabremos por qué cosas orar, o cómo orar por una situación específca. Cuando usted ora en lenguas, el Espíritu Santo intercede por usted, de acuerdo a la voluntad de Dios.

—Romanos 8:26-27

¿Cómo podemos cantar con el espíritu y con el entendimiento? Cantar es alabar al Señor, y el Señor habita en las alabanzas de su pueblo (Salmos 22:3). Nosotros entramos en una dimensión diferente cada vez que alabamos y cantamos a Dios. El Espíritu Santo participa con nosotros en nuestras alabanzas. Cantar y alabar nos abstrae de los problemas y de las pruebas terrenales, y nos lleva a la presencia del Espíritu Santo, de donde procede toda bendición.

"Pero vosotros, amados, edifcándoos sobre vuestra santísima fe, orando en el Espíritu Santo".

—Judas 20

Usted no puede permanecer de rodillas las veinticuatro horas del día, pero sí puede mantener un espíritu de oración estando todo el día en contacto con el Señor. Esto puede lograrlo hablando con usted mismo a través de salmos, himnos y cánticos espirituales; cantando y alabando al Señor en su corazón (Efesios 5:19). Así, se mantendrá en comunión con Dios y listo para orar en cualquier momento ante cualquier situación. Dios necesita personas que estén dispuestas a orar.

> "Orando en todo tiempo con toda oración y súplica en el Espíritu, y velando en ello con toda perseverancia y súplica por todos los santos".
>
> —Efesios 6:18

> Hoy por hoy, el arma
> más poderosa de Satanás es
> el ataque a su mente.

Si el enemigo puede mantenerlo confundido y distraído, logrará infigirle un gran daño. Tenga cuidado: cuando Satanás ataca la mente, es capaz de generar orgullo espiritual en usted para mantenerlo ocupado en usted mismo. Es necesario derrotar el orgullo y confesarse sus faltas mutuamente, así como orar los unos por los otros. Cuando usted confesa sus faltas a otros, está sometiéndose a Dios. Puede contar con la promesa de que el diablo huirá de usted.

Pero no se confese con cualquiera. La persona debe estar en sintonía espiritual con usted y ser confable, de manera que mantenga su confesión entre ella y Dios. Nadie debe enterarse. Pídale a Dios que le dé sabiduría.

5. Mantenga una comunión espiritual con otros creyentes

"Pero si andamos en luz, como él está en luz, tenemos comunión unos con otros, y la sangre de Jesucristo su Hijo nos limpia de todo pecado".

—1 Juan 1:7

La comunión con otros creyentes le da el privilegio de experimentar los diferentes dones del Espíritu disponibles para el Cuerpo de Cristo (1 Corintios 12:7–14).

"No dejando de congregarnos, como algunos tienen por costumbre, sino exhortándonos; y tanto más, cuanto veis que aquel día se acerca".

—Hebreos 10:25

El Señor nos exhorta a congregarnos porque sabe que no podemos actuar solos. Si permanecemos solos durante mucho tiempo, quedamos expuestos a los ataques del enemigo. En la unión está la fuerza. Uno podría perseguir a mil, y dos hacer huir a diez mil (Deuteronomio 32:30).

Existe mucho más ánimo cuando nos unimos a otros creyentes para recibir instrucción y tener comunión.

6. Guarde su mente y sus pensamientos. Evite albergar pensamientos negativos, críticos, egoístas o de resentimiento

"Por nada estéis afanosos, sino sean conocidas vuestras peticiones delante de Dios en toda oración y ruego, con acción de gracias.

Y la paz de Dios, que sobrepasa todo entendimiento, guardará vuestros corazones y vuestros pensamientos en Cristo Jesús".

—Filipenses 4:6–7

No se afane por nada. El Señor quiere batallar por nosotros y darnos paz. Si traemos todo delante de él en oración, él ha prometido darnos su paz que sobrepasa todo entendimiento. Si usted permite que en su mente surjan pensamientos negativos, no podrá estar en paz. Dios no es negativo, ni puede habitar donde haya negatividad.

Estos son los pensamientos que agradan a Dios:

"Por lo demás, hermanos, todo lo que es verdadero, todo lo honesto, todo lo justo, todo lo puro, todo lo amable, todo lo que es de buen nombre; si hay virtud alguna, si algo digno de alabanza, en esto pensad".

—Filipenses 4:8

Él nos manda a mantener la mente enfocada en Dios.

"Tú guardarás en completa paz a aquel cuyo pensamiento en ti persevera; porque en ti ha confado".

—Isaías 26:3

"Te has enlazado con las palabras de tu boca,
    y has quedado preso en los dichos de tus labios".

—Proverbios 6:2

Todos los pensamientos que usted acaricie de continuo se convertirán en realidad por las palabras que hable.

Sus palabras tienen poder, porque usted actúa según lo que dice. Los pensamientos negativos que albergue se convertirán en palabras negativas que saldrán de su boca. Cuando usted habla negativamente, su espíritu se debilita y la abre una puerta al enemigo.

7. Use la autoridad que Dios le ha dado para en el nombre de Jesús atar y desatar, reprender, y expulsar todo poder demoníaco y maligno

"Al entrar él en la barca, el que había estado endemoniado le rogaba que le dejase estar con él. Mas Jesús no se lo permitió, sino que le dijo: Vete a tu casa, a los tuyos, y cuéntales cuán grandes cosas el Señor ha hecho contigo, y cómo ha tenido misericordia de ti. Y se fue, y comenzó a publicar en Decápolis cuán grandes cosas había hecho Jesús con él; y todos se maravillaban".

—Marcos 5:18–20

El objetivo de esta enseñanza es también ayudar a los nuevos creyentes que se encuentran en el proceso de liberación a cimentar su fe, de manera que aprendan a depender de Dios y a resistir a cualquier demonio que pretenda regresar. Sin embargo, es necesario que cada quien aprenda a depender del Espíritu Santo por sí mismo, y no a depender de otros cada vez que enfrente un problema. La tendencia natural de aquellos que han pasado por el proceso de liberación es a depender de las personas que los han ayudado a recibir la liberación. Esto puede ser riesgoso para el bienestar espiritual de la persona. Jesús no permitió que el gadareno se quedara con él después de haberlo liberado, a pesar de que el hombre le rogaba que se lo permitiera.

Los demonios huyen a lugares secos, buscando reposo. ¿Por qué nosotros no podemos echarlos al abismo? Porque el Señor no nos dio esas instrucciones. Jesús se ha reservado el derecho de condenar a Satanás y sus demonios en el día fnal. Nosotros tenemos la autoridad en el nombre de Jesucristo de atar y expulsar demonios hacia lugares secos e inhabitados. "Cuando el espíritu inmundo sale del hombre, anda por lugares secos, buscando reposo; y no hallándolo, dice: Volveré a mi casa de donde salí" (Lucas 11:24; ver también Mateo 12:43).

8. Confese su liberación por fe, y no por pura emoción

"Y todo el que invoque el nombre del Señor escapará con vida, porque en el monte Sión y en Jerusalén habrá escapatoria".

—Joel 2:32, NVI

La *Concordancia Strong* asocia *escape* con *liberación* en este pasaje. También podemos defnir *liberación* como "una porción que ha escapado". Eso es lo que nosotros somos, una porción que ha sido liberada para ser lo que el Señor desea de ella y que permanezca libre. Usted debe tener la capacidad de identifcar el momento en que el enemigo está preparando un ataque. Es muy importante que se rodee de personas semejantes. En la unión está la fuerza. Hagan un pacto. Oren por cada uno. Confésense sus faltas mutuamente y obtengan la victoria en Jesús. ¡Aleluya!

"Porque yo soy tu porción; yo soy tu herencia entre los israelitas".

—Nm. 18:20; NVI

Tener fe en lo que el Señor ha hecho por nosotros es creer y tener la seguridad de algo. Debemos tener seguridad en lo que creemos, y seguir el consejo de Hebreos 3:12: "Mirad, hermanos, que no haya en ninguno de vosotros corazón malo de incredulidad para apartarse del Dios vivo".

Si usted tiene problemas en este sentido, dígaselo a Dios. ¡Él lo ayudará! No tenga temor de decirle: "Señor, creo en ti. ¡Ayúdame a no dudar!". Dios sabe todo lo que sentimos, pero nosotros debemos cooperar.

A veces la fe se difculta por la cantidad de distracciones de este mundo sensual. La Palabra dice:

> "Porque no tenemos lucha contra sangre y carne, sino contra principados, contra potestades, contra los gobernadores de las tinieblas de este siglo, contra huestes espirituales de maldad en las regiones celestes".
>
> —Efesios 6:12

El enemigo no va a quedarse callado y de brazos cruzados en medio de su liberación. Él pondrá toda clase de obstáculos en su camino, probablemente a diario. Usted debe actuar acorde a lo que le dice la Palabra y no según lo que le dicte su conciencia. Solo recuerde que el enemigo hará lo que sea para atraparlo de nuevo y acabar con usted, porque sabe que él también va a morir. Cuando él le mienta, dígale que se aparte en el nombre de Jesús. Espiritualmente, usted tiene pisado al enemigo.

> "Pero sin fe es imposible agradar a Dios; porque es necesario que el que se acerca a Dios crea que le hay, y que es galardonador de los que le buscan".
>
> —Hebreos 11:6

En el Antiguo Testamento, Israel se alejó muchas veces de Dios, y esto le ocasionó mucho dolor. Personalmente, creo que Dios derrama lágrimas cuando no creemos en él. Recordemos también que algunos de los padres no pudieron entrar en el descanso del Señor por culpa de la incredulidad. La palabra griega para "descanso" es el *reposo* del cristianismo, como un símbolo del cielo.

Debemos creer que Dios recompensa a aquellos que lo buscan diligentemente. Aparte sus ojos del mundo. A veces pareciera que la persona carnal está cosechando todas las recompensas. Pero recuerde que para aquellos que no vienen a Jesús, las recompensas terrenales será lo único que tendrán. Con Jesús tenemos vida eterna. Cualquier cosa con la que él nos recompense aquí en la tierra es una bendición adicional. Mantengamos nuestros ojos fjos en lo más importante.

"Y esta es la confanza que tenemos en él, que si pedimos alguna cosa conforme a su voluntad, él nos oye. Y si sabemos que él nos oye en cualquiera cosa que pidamos, sabemos que tenemos las peticiones que le hayamos hecho".

—1 Juan 5:14–15

Cuando usted le pidió al Señor que lo salvara, aceptó por fe que él lo hizo. Pero a pesar de que creemos que el Señor nos salvó, a veces nos cuesta creer en él para otras cosas.

La Biblia dice: "Si pedimos alguna cosa conforme a su voluntad [. . .]". ¿Es la voluntad de Dios que vivamos bajo la opresión demoníaca? ¡Por supuesto que no! Él nos pidió que resistiéramos al diablo. Así como Satanás vino a decirle que usted no era salvo, vendrá a decirle que usted no ha sido liberado de la opresión demoníaca.

Satanás tratará incluso de convencerlo de que los demonios no existen. La Palabra nos aconseja que no debemos escuchar las mentiras de Satanás. Cuando le pedimos al señor que nos liberara, creímos que él contestó nuestra petición, porque Dios no puede mentir.

9. Coloque cada aspecto de su vida bajo el liderazgo de Jesús

"Por lo tanto, hermanos, os ruego por las misericordias de Dios que presentéis vuestros cuerpos como sacrifcio vivo, santo, agradable a Dios, que es vuestro verdadero culto. No os conforméis a este mundo, sino transformaos por medio de la renovación de vuestro entendimiento, para que comprobéis cuál es la buena voluntad de Dios, agradable y perfecto".

—Romanos 12:1–2; RV95

Presente su cuerpo en sacrifcio vivo, santo y agradable a Dios. La palabra griega traducida como "santo" en este pasaje es *hagios*, que signifca "sagrado, físicamente puro, moral o espiritualmente intachable, consagrado, lo más sagrado". A través de Pablo, Dios dice que este es nuestro verdadero culto. Si fallamos en esto, le abrimos el paso a Satanás. Legalmente, Satanás no puede afigir a un santo. El pecado, sin embargo, le abre la puerta cuando descuidamos nuestra comunión con el Señor. Pablo continúa diciendo: "No os conforméis a este mundo, sino transformaos por medio de la renovación de vuestro entendimiento".

La gente se conforma con el mundo porque no sabe que hay algo mejor. Se nos exhorta a buscar este nivel de vida más elevado como nuestro servicio racional a Dios. Santiago 4:7 nos aconseja:

"Someteos, pues, a Dios; resistid al diablo, y huirá de vosotros".

Yo sé que este versículo se usa mucho, pero es que va al meollo del asunto de la liberación. Nuestra liberación o escape es a través de Dios. Él la hará realidad a medida que obedecemos, creemos, nos entregamos, confamos y tenemos fe en él.

"Estando persuadido de esto, que el que comenzó en vosotros la buena obra, la perfeccionará hasta el día de Jesucristo".

—Filipenses 1:6

¡Gracias, Señor!

10. Despójese del rencor y el resentimiento, y perdone

"Y cuando estéis orando, perdonad, si tenéis algo contra alguno, para que también vuestro Padre que está en los cielos os perdone a vosotros vuestras ofensas. Porque si vosotros no perdonáis, tampoco vuestro Padre que está en los cielos os perdonará vuestras ofensas".

—Marcos 11:25-26

La oración es un factor de peso para mantener la liberación. Usted debe mantener una comunión diaria con el Señor. Debe dedicar una buena parte de su vida de oración a buscar el perdón de aquellos pecados que haya cometido en su vida diaria. Juan escribió: "Si confesamos nuestros pecados, él es fel y justo para perdonar nuestros pecados, y limpiarnos de toda maldad" (1 Juan 1:9).

Si usted quiere ser perdonado, también debe perdonar. Tal vez la ofensa que hemos sufrido es tan obvia como un chisme, una traición, abuso verbal, etcétera. Sin embargo, también tendremos que perdonar al conductor que se nos atraviesa, o a la mesera que no nos atiende bien. Es muy fácil sentir rabia contra otros. Debemos estar atentos a esto.

"Si en mi corazón hubiese yo mirado a la iniquidad, el Señor no me habría escuchado".

—Salmos 66:18

La palabra *iniquidad* abarca muchas de las travesuras que podemos mantener escondidas en el corazón, especialmente cuando no hemos perdonado. Es común escuchar frases como: "Yo lo perdoné a él (o a ella), pero jamás voy a perdonar lo que me hizo".

¿Ha perdonado realmente alguien que dice algo así, o aún mantiene el rencor, permitiendo que la herida crezca en su corazón?

Cuando guardamos una ofensa, tendemos a sentir rencor contra la persona que nos ofendió. Y cuando el rencor se arraiga, estamos en problemas. Pablo le dijo a Simón el mago en Hechos 8:23: "Porque en hiel de amargura y en prisión de maldad veo que estás". Para Dios, estos sentimientos son como un veneno.

11. Sujétese a la autoridad de Dios. Esposas, sujétense a sus esposos. Esposos, amen a sus esposas

> "Las casadas estén sujetas a sus propios maridos, como al Señor; porque el marido es cabeza de la mujer, así como Cristo es cabeza de la Iglesia, la cual es su cuerpo, y él es su Salvador. Así que, como la Iglesia está sujeta a Cristo, así también las casadas lo estén a sus maridos en todo. Maridos, amad a vuestras mujeres, así como Cristo amó a la Iglesia, y se entregó a sí mismo por ella".
>
> —Efesios 5:22–25

Repetimos: no le dé a Satanás ninguna puerta de entrada. El Señor nos ha dado instrucciones específcas. Cuando obedecemos, el diablo no puede penetrar nuestra armadura, y huye de nosotros.

> "Sométase toda persona a las autoridades superiores; porque no hay autoridad sino de parte de Dios, y las que hay, por Dios han sido establecidas. De modo que quien se opone a la autoridad, a lo establecido por Dios resiste; y los que resisten, acarrean condenación para sí mismos".
>
> —Romanos 13:1–2

Dios lo ha puesto bajo la autoridad de este mundo por su propio bien. A veces podría sentir como que debe seguir muchas reglas, pero lo único que Dios busca es su bienestar. Vivir bajo la autoridad lo ayuda a mantener una conciencia tranquila.

12. No le dé la espalda a su salvación

En Jueces 10:6–14 los hijos de Israel claramente le dan la espalda a su salvación y a la liberación divina por adorar otros dioses. Dios estaba enfurecido con ellos, y es muy peligroso llegar a este extremo con Dios. En el versículo 13, él les dice: "Mas vosotros me habéis dejado, y habéis servido a dioses ajenos; por tanto, yo no os libraré más".

El pueblo de Dios había sido liberado de su esclavitud, y Dios los salvó de los que los perseguían. Sin embargo, la opresión demoníaca retornó. Habían sido sanados, pero a pesar de eso continuaban oprimidos. ¿Por qué? Porque rechazaron continuar siendo obedientes a las leyes de Dios, y cayeron nuevamente en pecado. El pecado produjo muerte nuevamente.

Nosotros no podemos pretender continuar recibiendo las bendiciones de Dios, así como la sanación y la liberación tanto física como espiritual que hemos obtenido, si rechazamos mantenernos en la salvación y en obediencia.

> "Después le halló Jesús en el templo, y le dijo: Mira, has sido sanado; no peques más, para que no te venga alguna cosa peor".
>
> —Juan 5:14

Antes de que me digan que el texto del libro de Jueces pertenece al Antiguo Testamento y que ahora tenemos un nuevo pacto, Jesús repite lo mismo en Juan 5:14. Si usted sigue pecando después de haber sido liberado y sanado, algo peor puede sobrevenirle. El paralítico en Betesda era responsable de mantener su propia curación guardando y obedeciendo las leyes de Dios. Jesús le advirtió que si continuaba pecando, algo peor podría ocurrirle.

En toda liberación, es responsabilidad de la persona liberada mantener su relación con el Señor a fn de seguir siendo libre. El Señor cumple su parte al liberarnos, y nosotros debemos cumplir nuestra parte manteniéndonos feles en nuestra salvación y en nuestra libertad, sin dar vuelta atrás.

Uno de los atributos que escasean hoy entre los creyentes es la integridad. Muchos cristianos son indiferentes al pecado. Creen que pueden continuar pecando después de que han sido salvados. Esta es muchas veces la causa de algunas ideas o enseñanzas distorsionadas sobre la gracia de Dios. Hay una manera de perder la salvación: a través de las decisiones que tomamos.

"Ciertamente, si habiéndose ellos escapado de las contaminaciones del mundo, por el conocimiento del Señor y Salvador Jesucristo, enredándose otra vez en ellas son vencidos, su postrer estado viene a ser peor que el primero".

—2 Pedro 2:20

Este versículo no requiere de mucha explicación. Creo que Dios nos está exhortando a tomar seriamente su Palabra. Él nos está diciendo que no regresemos a Egipto después de haber sido liberados de nuestra esclavitud.

No regrese a los deseos mundanales después de haber sido liberado de la opresión demoníaca. No le dé la espalda a la gracia salvadora de Dios.

> La salvación es la obra continua de Dios en nosotros, y él necesita de nuestra cooperación.

Esto lo podemos lograr haciendo lo que enseñan las Escrituras:

"Por tanto, nosotros también, teniendo en derredor nuestro tan grande nube de testigos, despojémonos de todo peso y del pecado que nos asedia, y corramos con paciencia la carrera que tenemos por delante, puestos los ojos en

Jesús, el autor y consumador de la fe, el cual por el gozo puesto delante de él sufrió la cruz, menospreciando el oprobio, y se sentó a la diestra del trono de Dios".

—Hebreos 12:1–2

En nuestras reuniones, encontramos muchos cristianos angustiados que pasan al altar a arrepentirse de los pecados que los tienen atrapados. Su necesidad urgente es la de saber si Dios tendrá misericordia o si los recibirá nuevamente después de haberle fallado y haberle dado la espalda. Su testimonio suele ser similar: "¿Dónde está Dios cuando lo necesité?", "¿Por qué él no respondió a mis oraciones?", "¿Me sentí harto y cansado, y tomé la decisión de alejarme e ignorar a Dios, igual que como él me ignoró a mí".

Cuando un creyente transgrede, está entrando ilegalmente en una tierra ajena. Está invadiendo, y pecando. Pero una vez que el creyente confesa, se arrepiente y recibe oración; es perdonado y recibe también sanación y plenitud. ¡Alabado sea Dios! No importa cuántas veces un hijo de Dios pueda caer, Dios está dispuesto a perdonarlo y restaurarlo.

"Confesaos vuestras ofensas unos a otros, y orad unos por otros, para que seáis sanados. La oración efcaz del justo puede mucho".

—Santiago 5:16

El creyente debe tener claro que Dios no tolera a otros dioses delante de él (Éx. 20:3). Molestarnos con Dios, quejarnos ante él, e incluso ignorarlo, no es igual que renunciar a Dios por otros dioses. Cuando una persona renuncia a Dios después de haberlo conocido y de haber probado su Palabra, y de haber experimentado su poder y su presencia, está abriendo su corazón a la posibilidad de adorar otros dioses o entidades, y se arriesga a perder su salvación. Pero si la persona se arrepiente y abandona todos los demás dioses, Dios tendrá misericordia, lo perdonará y lo restaurará.

Dios nos promete lo siguiente si cooperamos y lo obedecemos:

"Acontecerá que si oyeres atentamente la voz de Jehová tu Dios, para guardar y poner por obra todos sus mandamientos que yo te prescribo hoy, también Jehová tu Dios te exaltará sobre todas las naciones de la tierra. Y vendrán sobre ti todas estas bendiciones, y te alcanzarán, si oyeres la voz de Jehová tu Dios".

—Deuteronomio 28:1–2

Repaso: cómo mantener su liberación

1. *No discuta* su liberación con nadie que no crea en este ministerio (Mateo 7:6; Marcos 6:5–6).
2. *Destruya* todos los objetos y literatura relacionados con lo oculto. Sea precavido con lo que lleva a su casa. Lea solo cosas que agraden a Dios (Deuteronomio 18:9–13; Hechos 19:18–19).
3. *Estudie* las Escrituras y dedique tiempo a solas con Dios (Salmos 119:105; Mateo 4:4; Hechos 17:11; Efesios 4:12; 2 Timoteo 2:15; Santiago 1:22–25; 1 Pedro 2:2).
4. *Desarrolle* una vida de oración constante. Ore en el espíritu varias veces al día (1 Corintios 14:14–15; 1 Tesalonicenses 5:17; Santiago 5:16; Judas 20).
5. *Tenga comunión espiritual* con otros miembros del Cuerpo de Cristo, particularmente con algún grupo en el que se manifesten los dones del Espíritu (1 Corintios 12:7–14; Hebreos 10:25).
6. *Guarde* su mente y sus pensamientos. Evite los pensamientos negativos, críticos, egoístas o rencorosos (Proverbios 6:12; Filipenses 4:8).

7. *Use la autoridad* que le ha sido legada en el nombre de Jesús para atar, reprender y expulsar cualquier cosa que sea del diablo (Marcos 16:17; Efesios 1:5–6).

8. *Confese* su liberación por fe, y no por emociones (Joél 2:32; 2 Corintios 5:7; Hebreos 10:38; 11:6; 1 Juan 5:14–15).

9. *Coloque cada aspecto* de su vida bajo el señorío de Jesucristo (Romanos 12:1–2; Santiago 4:7).

10. *Deshágase* del resentimiento, el rencor y la rabia contra aquellos que lo han ofendido (Salmos 66:18; Marcos 11:25–26).

11. *Sujétese* a su cónyuge y a la autoridad espiritual (Romanos 13:1–2; Efesios 5:22–25).

12. *No le dé la espalda* a su salvación (Hebreos 6:4–6; 2 Pedro 2:20).

"Ahora, pues, ninguna condenación hay para los que están en Cristo Jesús, los que no andan conforme a la carne, sino conforme al Espíritu".

—Romanos 8:1

¡Amén!

Cómo vivir libre de los ataques del enemigo

12

La voluntad de Dios
para su vida

Y el mundo pasa, y sus deseos;
pero el que hace la voluntad de Dios
permanece para siempre.

—1 Juan 2:17

La Palabra de Dios dice que debemos estar al tanto de cuál es la voluntad de Dios para nuestra vida. Pablo afrma: "Por tanto, no seáis insensatos, sino entendidos de cuál sea la voluntad del Señor" (Efesios 5:17). La pregunta que muchos cristianos se hacen es: "¿Cómo puedo saber cuál es la voluntad de Dios para mi vida?".

Es una enorme bendición saber cuál es la voluntad de Dios para nuestras vidas. Dios nos imparte su dirección divina diariamente, y la sabiduría necesaria para tomar decisiones importantes.

Los cristianos sin experiencia y sin el poder del Espíritu Santo pasan una gran parte de su tiempo sin hacer la voluntad de Dios. El temor y las frustraciones difcultan su crecimiento espiritual, a causa de la duda y la incredulidad. Se sienten insatisfechos, y sin un propósito en la vida.

Es la voluntad de Dios que cada cristiano reciba la promesa del Padre de estar lleno del Espíritu Santo. Así, entenderemos que la voluntad del Señor abarca cada aspecto de nuestra vida. *Lo más importante que Dios desea para cada cristiano converso es que aprenda a entregarse completamente al Espíritu Santo.*

El Espíritu Santo produce en el creyente el *impulso* para hablar, orar y enseñar la Palabra de Dios.

"Cuando hubieron orado, el lugar en que estaban congregados tembló; y todos fueron llenos del Espíritu Santo, y hablaban con denuedo la palabra de Dios".

—Hechos 4:31

El Espíritu Santo produce gozo en el creyente.

"Y los discípulos estaban llenos de gozo y del Espíritu Santo".

—Hechos 13:52

El Espíritu Santo hace que el creyente conozca la voluntad de Dios, y le da sabiduría y entendimiento espiritual.

"Por lo cual también nosotros, desde el día que lo oímos, no cesamos de orar por vosotros, y de pedir que seáis llenos del conocimiento de su voluntad en toda sabiduría e inteligencia espiritual".

—Colosenses 1:9

El Espíritu Santo en el creyente es capaz de profetizar.

"Y Zacarías su padre fue lleno del Espíritu Santo, y profetizó".

—Lucas 1:67

Para poder conocer cuál es la voluntad de Dios, debemos estar crucifcados con Cristo. Se trata de una posición espiritual. Es un asunto de fe. Es creer en un Dios invisible que creó el cielo y la tierra. Es confanza total.

> "Con Cristo estoy juntamente crucifcado, y ya no vivo yo, mas vive Cristo en mí; y lo que ahora vivo en la carne, lo vivo en la fe del Hijo de Dios, el cual me amó y se entregó a sí mismo por mí".
>
> —Gálatas 2:20

Hoy más que nunca necesitamos el poder del Espíritu Santo para que guíe nuestros pasos y nos ayude a entender los tiempos que estamos viviendo. Durante nuestros viajes, vemos a todo tipo de personas y de todas las denominaciones venir a Cristo y ser llenas del Espíritu Santo.

El bautismo del Espíritu Santo es la puerta de entrada a una experiencia más profunda con Dios. Es una invitación a convertirnos en uno con Cristo. Es un llamado superior a una vida de bendición.

Dios está llamando a su pueblo a tener una relación más íntima con él, permitiendo que el Espíritu Santo nos enseñe el signifcado de estar crucifcados y entregados a Cristo.

Cuando aplicamos Gálatas 2:20 a nuestra vida, el poder de la resurrección de Jesucristo se manifesta a través de nosotros. Solo allí nos convertiremos en adultos espirituales, capaces de alcanzar el propósito superior que Dios tiene reservado para nosotros.

La voluntad de Dios es que cada creyente entienda el propósito por el cual ha sido llenado con su Espíritu, y que aprenda a sujetarse al Espíritu y ser dirigido por él. Si más cristianos entendieran que no han sido llamados por Dios *para ser cualquier cosa* o *hacer cualquier cosa* por él, *sino para sujetarse completamente a la dirección del Espíritu Santo* y llevar los frutos del Espíritu, el pueblo de Dios estaría disfrutando hoy de otra posición de autoridad, dominio y abundancia.

Jesús dijo:

"Vosotros sois mis amigos, si hacéis lo que yo os mando. Ya no os llamaré siervos, porque el siervo no sabe lo que hace su señor; pero os he llamado amigos, porque todas las cosas que oí de mi Padre, os las he dado a conocer. No me elegisteis vosotros a mí, sino que yo os elegí a vosotros, y os he puesto para que vayáis y llevéis fruto, y vuestro fruto permanezca; para que todo lo que pidiereis al Padre en mi nombre, él os lo dé".

—Juan 15:14–16

Esto de entregarnos completamente, crucifcar la carne, y morir al yo, no es muy popular. A todos nos gusta la parte de producir mucho grano y disfrutar de una cosecha de bendiciones. Pero a millones de cristianos *a duras penas* sobreviven. Viven al día. No tienen tesoros guardados. No tienen dinero en el banco ni descanso de los ataques del enemigo.

"De cierto, de cierto os digo, que si el grano de trigo no cae en la tierra y muere, queda solo; pero si muere, lleva mucho fruto".

—Juan 12:24

La manera de vivir una vida de entrega no es tratando de *hacer* más para Dios después de haber recibido el Espíritu Santo.

…no es orando más.

…no es leyendo más la Biblia.

...no es testifcando más.

...no es aumentando nuestro esfuerzo religioso.

...no es mediante buenas obras.

La voluntad de Dios para nosotros es que nos entreguemos completamente a la dirección del Espíritu Santo. No es Cristo *y* usted, sino Cristo *en* usted, lo que hará que su vida sea efectiva y que produzca mucho fruto.

Aceptar esta vida de entrega es entender que estar llenos del Espíritu Santo no es un llamado a trabajar para Dios, sino aprender a actuar en él.

Para vivir una vida victoriosa usted debe ir más allá de las bendiciones y llegar a la fuente del poder de Dios. Debe aprender a actuar únicamente bajo la dirección del Espíritu Santo.

Dios está preparando un ejército de creyentes valientes para el tiempo del fn, que sean sensibles a la voz del Espíritu Santo y que puedan responder inmediatamente a su dirección sin dudas ni preguntas.

A los soldados no se los llama para que trabajen para el ejército, sino a actuar y moverse bajo un mando. Aprenden a negarse a sí mismos y a someterse a una autoridad.

Algunos le preguntarán: "¿Y cómo sabes que estás haciendo la voluntad de Dios?". La respuesta es sencilla: porque siento paz. El nombre del estado, la dirección en la que vivimos, o la clase de trabajo que hagamos, no importa. Mientras estemos en paz con Dios, sujetos los unos a los otros, y seamos un buen ejemplo para nuestros hijos, estaremos haciendo la voluntad de Dios. Nos sujetamos a Dios y a su Palabra. Dios no lo ha llamado solo a hacer buenas obras.

Todo cristiano puede hacer eso. La voluntad de Dios para usted es que usted sea fructífero en toda buena obra, y que ame a los demás como él lo ama a usted.

Es imposible vivir una vida dedicada, abundante y victoriosa si no se tiene una fe absoluta en Dios. Usted debe colocar toda su confanza en Dios. Una vida de fe signifca simplemente confar en Dios y obedecerlo con todo su corazón. Dios es fel a su Palabra. Esta es la voluntad de Dios para usted. Todo lo demás parte de esta postura.

> "Mantengamos frme, sin fuctuar, la profesión de nuestra esperanza, porque fel es el que prometió".
> —Hebreos 10:23

El propósito de la vida

Todos fuimos creados por Dios para vivir una vida satisfactoria y fructífera. Una de las grandes tragedias de nuestra época es la cada vez mayor falta de propósito en la vida de las personas. La mayoría de la gente no tiene idea de qué trata la vida, y viven solo de acuerdo a lo que otros dicen.

Al estudiar la Palabra de Dios detenidamente, vemos que Dios quería que el hombre:

- Mantuviera una relación con él.
- Se relacionara con sus semejantes.
- Tuviera el dominio y la autoridad sobre la tierra y la gobernara.

Sin embargo, la desobediencia del hombre hizo que la tentación lo venciera, apartándolo de la voluntad de Dios y del propósito que este tenía para su vida.

Para poder mantener una relación con Dios, es necesario el arrepentimiento. Un cambio general de rumbo debe acontecer en el corazón. Debe nacer una confanza y una fe en Dios absoluta. Si queremos crecer y madurar espiritualmente, la confesión y la declaración de la Palabra de Dios debe convertirse en un estilo de vida.

Los peligros de la incredulidad

Muchos cristianos están incapacitados espiritualmente porque cada vez que el Espíritu Santo actúa en sus vidas, comienzan a tratar de analizar las instrucciones de Dios. La mente es como un fltRomanos Cuando un cristiano inmaduro recibe instrucciones de parte de Dios, en vez de actuar como Dios le ha ordenado, comienza en su mente a producir dudas e incredulidad. Nosotros estamos convencidos de que aunque no hubiera un diablo que se opusiera a los santos, muchos aún tendrían problemas en su vida espiritual por culpa de sus mentes analíticas.

Hay una llave que abrirá las maravillosas obras de Dios en su vida si usted decide usarla. Esa llave es actuar obedientemente cuando Dios le hable, *antes* de que usted le dé a su mente la oportunidad de analizar lo que Dios le está pidiendo.

Sea atrevido en su vida espiritual, y muéstrese dispuesto a tomar riesgos a través de su autoridad en Cristo Jesús. Pedro desarrolló una actitud temeraria a la hora de obedecer la voz de Dios. Él sabía que siempre ocurría algo bueno cuando Jesús estaba presente.

Dios detesta la incredulidad. La incredulidad aparece cuando usted se detiene a analizar lo que Dios le ha dicho. Cuando usted analiza, su mente se paraliza. Muchos en el pueblo de Dios están paralizados espiritualmente porque nunca han aceptado literalmente la Palabra del Señor. Cada vez que Dios habla a través de su

Palabra, en vez de aceptarla y actuar en consecuencia, comienzan a procesarla a través de su fltro intelectual, y luego la aceptan o la rechazan.

Usted podría preguntarse por qué muchos nuevos creyentes reciben una sanación instantánea o respuestas a sus oraciones. Esto ocurre porque no se ponen a analizar la Palabra de Dios. Simplemente aceptan lo que esta les dice.

"Envió su palabra, y los sanó,
y los libró de su ruina".

—Salmos 107:20

13

Cómo reconocer las doctrinas falsas y las verdaderas

El día de tu castigo viene,
el que anunciaron tus atalayas;
ahora será su confusión.

—Miqueas 7:4

Estamos viviendo en los últimos días. Son *días de confusión*. Son días proféticos en los que es difícil distinguir entre lo bueno y lo malo, entre lo que es real y lo que no lo es, y entre lo legítimo y aquello que es fantasía. Sin embargo, nuestro Dios anticipó estos días, y nos dejó instrucciones especifcas para guiarnos en medio de la tribulación. Dios estableció un pacto con su pueblo. Si prestamos atención a la Palabra, podremos discernir la verdad de las falsas enseñanzas.

Los siguientes son algunos lineamientos bíblicos para distinguir entre las doctrinas falsas y las verdaderas.

1. Cualquier doctrina que ponga a la Biblia en el mismo nivel de otro libro es falsa. La Biblia, la Palabra de

Dios, es superior y está por encima de cualquier otra obra escrita.

"Te alabaré con todo mi corazón;
  [ ] porque has engrandecido tu nombre,
  y tu palabra sobre todas las cosas".

—Salmos 138:1–2

La Biblia está por encima de las opiniones y la sabiduría de los hombres, y de cualquier cosa que la mente pueda decir y opinar. Supera la inteligencia de los sabios, los genios, los políticos, y de todo ser humano.

2. Cualquier doctrina que ponga en duda lo que dice la Biblia, sea en parte o completamente, puede terminar arrancándole su credibilidad en aquellos que no están frmes en la fe y en el entendimiento de la inspiración divina de las sagradas Escrituras. La Biblia fue inspirada divinamente y carece de defectos u errores. Es la revelación divina dada por inspiración de Dios.

"La ley de Jehová es perfecta,
  que convierte el alma;
el testimonio de Jehová es fel,
  que hace sabio al sencillo".

—Salmos 19:7

"¡Oh profundidad de las riquezas de la sabiduría y de la ciencia de Dios! ¡Cuán insondables son sus juicios, e inescrutables sus caminos!

—Romanos 11:33

"Toda la Escritura es inspirada por Dios, y útil para enseñar, para redargüir, para corregir, para instruir en justicia, a fn de que el hombre de Dios sea perfecto, enteramente preparado para toda buena obra".

—2 Timoteo 3:16–17

3. Cualquier doctrina que utilice pasajes bíblicos para justifcar pecados abominables; o que trate de ajustar las enseñanzas bíblicas y santifcadas a los tiempos, tendencias u otros movimientos, es una falsa doctrina. Cualquier doctrina que trate de cambiar el signifcado de las Escrituras por considerarlo dudoso, es una falsa doctrina. Dios no cambia. Él es inalterable, inmutable, eterno e infalible.

"Porque yo Jehová no cambio".

—Malaquías 3:6

"Porque de cierto os digo que hasta que pasen el cielo y la tierra, ni una jota ni una tilde pasará de la ley, hasta que todo se haya cumplido".

—Mateo 5:18

"Jesucristo es el mismo ayer, y hoy, y por los siglos".

—Hebreos 13:8

4. Cuando las doctrinas rechazan las verdades básicas e infalibles de las sagradas Escrituras, como la existencia del cielo y del inferno, la Trinidad, etcétera; y las sustituyen por sus propias ideas humanas, son falsas.

5. Cualquier doctrina que considere a la Biblia como un libro histórico y de menor importancia, haciendo que la gente le pierda interés y que considere su contenido como algo del pasado y no pertinente a nosotros, es una falsa doctrina. El plan de Dios es exaltar su Palabra y confrmarla en todas las épocas (Jeremías 1:12). También, mostrarle al mundo que la Biblia es verdadera, que es la fuente de toda sabiduría, y que tiene poder hoy (Salmos 119:97–104; 1 Corintios 2:1–5).

"Y ellos, saliendo, predicaron en todas partes, ayudándoles el Señor y confrmando la palabra con las señales que la seguían".

—Marcos 16:20

"Porque la palabra de Dios es viva y efcaz, y más cortante que toda espada de dos flos; y penetra hasta partir el alma y el espíritu, las coyunturas y los tuétanos, y discierne los pensamientos y las intenciones del corazón".

—Hebreos 4:12

6. Toda doctrina que trate de colocar velos sobre las sagradas Escrituras o que trate de impedir que la gente pueda leerla, con excusas como que "solo está reservada para los sabios, y no todos pueden o deben leerla", es falsa y está equivocada. En muchos casos, quienes propagan estas doctrinas cambian ciertas palabras o pasajes añadiéndoles explicaciones u opiniones personales. Se aprovechan de muchas personas y las llevan a aceptar las cosas que ellos creen u opinan. No se dan cuenta de que al hacerlo, están coartando el libre albedrío dado al hombre por Dios, mediante el cual la persona puede

elegir y decidir su destino fnal, de acuerdo a lo que Dios enseña en su santa Palabra.

"Bienaventurado el que lee, y los que oyen las palabras de esta profecía, y guardan las cosas en ella escritas; porque el tiempo está cerca".

—Apocalipsis 1:3; ver también Juan 5:39

7. Cualquier doctrina que trate de mezclar o completar la Palabra de Dios con opiniones humanas o a través de otros libros, dándoles el mismo valor y autoridad de la Biblia, es falsa. Solo la Biblia es inspirada por Dios. Hay otros libros que por supuesto nos ayudan a entender más claramente algunos pasajes difíciles, pero ninguno es inspirado divinamente o puede remplazar a la Palabra de Dios. Creemos que el único fundamento de inspiración divina son las sagradas Escrituras, y que son únicas en su conjunto.

Algunas notas sobre las falsas doctrinas

Cualquier doctrina o enseñanza que niegue, o que de alguna manera genere duda o incredulidad sobre las cosas enseñadas en las Escrituras, es inspirada por demonios.

Cualquier religión que niegue la inspiración de la Biblia o la realidad de Dios como persona, o que niegue a Cristo como el divino Hijo de Dios, su preexistencia, su nacimiento virginal, su divinidad, sus poderes sobrenaturales y milagrosos, su sepultura, su resurrección y manifestación corporal después de su resurrección, su ascenso al cielo, o su segunda venida para establecer su Reino eterno, es de origen satánico.

Cualquier doctrina que niegue la experiencia cristiana, como el nuevo nacimiento; la limpieza de pecados; la liberación del pecado;

la curación divina; el bautismo del Espíritu Santo; los dones del Espíritu; los milagros y otras señales que se manifestan en los creyentes; las respuestas a las oraciones; el cumplimiento de las promesas de salud, felicidad, prosperidad, y muchas otras experiencias cristianas del Nuevo Testamento; que niegue a Satanás; los demonios; la enfermedad; el pecado; la caída del hombre; la creación de todas las cosas por parte de Dios; y el hombre como un ser mortal, es una falsa doctrina.

Algunas normas que debemos reconocer

La verdadera y sana doctrina exaltará la Palabra de Dios por encima de todo

Siempre le dará el lugar preeminente. La Palabra de Dios es la fuente de agua viva que limpia, restaura y transforma a la humanidad.

> "Santifícalos en tu verdad; tu palabra es verdad".
> —Juan 17:17; ver también 2 Timoteo 3:16

La Biblia es precisa y está llena de sabiduría

Revela a todos los hombres los peligros de vivir separados de Dios y el riesgo del inferno. La Palabra de Dios le extiende una invitación al hombre a arrepentirse y a participar de la vida eterna. Revela claramente la unidad y la perfección de un Dios en tres personas distintas: Padre, Hijo y Espíritu Santo.

El inferno existe y es un lugar preparado para el juicio fnal de Satanás y sus ángeles

También es un lugar para todos aquellos que, después de escuchar del amor de Dios y de la provisión que él ha hecho por el perdón de los pecados, se endurecen y no se arrepienten. Por esta razón, serán echados al inferno para siempre.

"¡Serpientes, generación de víboras! ¿Cómo escaparéis de la condenación del inferno?".

—Mateo 23:33

"Pero os enseñaré a quién debéis temer: Temed a aquel que después de haber quitado la vida, tiene poder de echar en el inferno; sí, os digo, a este temed".

—Lucas 12:5; ver también Mateo 10:28; 18:9

"Aconteció que murió el mendigo, y fue llevado por los ángeles al seno de Abraham; y murió también el rico, y fue sepultado.

Y en el Hades alzó sus ojos, estando en tormentos, y vio de lejos a Abraham, y a Lázaro en su seno".

—Lucas 16:22–23

La Biblia enseña que el inferno es real. La Biblia también habla del cielo como un lugar de paz y tranquilidad, donde no habrá más sufrimiento ni dolor, en el que Cristo morará y enjugará las lágrimas de sus ojos.

"Pero yo os digo:
No juréis en ninguna manera; ni por el cielo, porque es el trono de Dios".

—Mateo 5:34

"Vosotros, pues, oraréis así:
Padre nuestro que estás en los cielos,
santifcado sea tu nombre.
Venga tu Reino.
Hágase tu voluntad,
como en el cielo, así también en la tierra".

—Mateo 6:9–10

"Haceos tesoros en el cielo, donde ni la polilla ni el orín corrompen, y donde ladrones no minan ni hurtan".

—Mateo 6:20

La Biblia nos presenta la existencia de un Dios supremo en tres personas diferentes

Cualquier doctrina que enseñe lo contrario, o que ponga en duda esta verdad, es del diablo.

"La gracia del Señor Jesucristo, el amor de Dios, y la comunión del Espíritu Santo sean con todos vosotros. Amén".

—2 Corintios 13:14

"Porque tres son los que dan testimonio en el cielo: el Padre, el Verbo [Cristo, Juan 1:1] y el Espíritu Santo; y estos tres son uno".

—1 Juan 5:7

La sana doctrina permite al hombre afanzar en su corazón todas las promesas de Dios

Podemos tomarlas seriamente, creyendo y benefciándonos de ellas (Salmos 119:9–10).

"Y que desde la niñez has sabido las Sagradas Escrituras, las cuales te pueden hacer sabio para la salvación por la fe que es en Cristo Jesús".

—2 Timoteo 3:15

La sana doctrina guía al creyente a tener una fe en Dios dinámica y efectiva

Nos enseña a creer en su potencial, su poder y su perfección. Las sanas doctrinas de Dios nos conferirán de buen juicio y un entendimiento claro sobre la maldad y el error que existe en el mundo.

"Porque las cosas que se escribieron antes, para nuestra enseñanza se escribieron, a fn de que por la paciencia y la consolación de las Escrituras, tengamos esperanza".

—Romanos 15:4

La sana doctrina se fundamenta en las promesas eternas de Dios

Las enseñanzas de la sana doctrina llevarán a la persona a tener un entendimiento claro de la justicia de Dios. Le enseña al creyente a triunfar sobre toda maldad y a usar su buen juicio. También a cómo sobreponerse a las adversidades a través de una fe absoluta en Jesucristo.

"Todo lo puedo en Cristo que me fortalece".

—Filipenses 4:13

"Porque la gracia de Dios se ha manifestado para salvación a todos los hombres, enseñándonos que, renunciando a la impiedad y a los deseos mundanos, vivamos en este siglo sobria, justa y piadosamente".

—Tit. 2:11–12

La sana doctrina sitúa a Jesús como Señor de señores y como el Salvador de toda la humanidad

Como único mediador entre Dios y los hombres, él es el mismo ayer, hoy y para siempre (1 Timoteo 2:5; Hebreos 13:8). Cristo es el único que puede salvar. Él nos invita a confesarle nuestros pecados confadamente, pues es el único que tiene poder para perdonarnos, restaurarnos, limpiarnos y santifcarnos. Además, nos ha dado autoridad para reinar con él para siempre (1 Corintios 6:9–11; Hebreos 4:15–16).

Cristo no nos acusa o nos rechaza. Él nos dirige y nos ayuda a vencer todas las ataduras del enemigo, como malos hábitos, maldiciones, espíritus malignos, alteraciones, y el pecado.

> "Venid a mí todos los que estáis trabajados y cargados, y yo os haré descansar".
>
> —Mateo 11:28

> "Todo lo que el Padre me da, vendrá a mí; y al que a mí viene, no le echo fuera".
>
> —Juan 6:37

> "Otra vez Jesús les habló, diciendo:
> Yo soy la luz del mundo; el que me sigue, no andará en tinieblas, sino que tendrá la luz de la vida".
>
> —Juan 8:12; ver también Juan 14:6

La sana doctrina permite al creyente entender la grandeza y la profundidad del amor de Dios

El amor de Dios hacia el hombre se hace evidente en las miles de promesas que hallamos en su Palabra. Nos ayuda a entender y amar la Palabra de Dios de una manera más profunda, ayudándonos a tomar decisiones sabias que edifcan nuestra fe y nuestra relación con el Espíritu Santo.

> "Solamente esfuérzate y sé muy valiente, para cuidar de hacer conforme a toda la ley que mi siervo Moisés te mandó; no te apartes de ella ni a diestra ni a siniestra, para que seas prosperado en todas las cosas que emprendas.
> Nunca se apartará de tu boca este libro de la ley, sino que de día y de noche meditarás en él, para que guardes

y hagas conforme a todo lo que en él está escrito; porque entonces harás prosperar tu camino, y todo te saldrá bien".

—Jos. 1:7–8

Apéndice

Declaraciones poderosas para contrarrestar los ataques del enemigo

Cuando Satanás genera dudas

La Palabra dice que si yo le hablo a mi montaña y en el nombre de Jesús le ordeno que se aparte, esta debe obedecer si creo sin dudar en mi corazón. Por fe creo que puedo obtener lo que pido [Marcos 11:23].

Cuando Satanás produce insomnio

Padre, tu has prometido que si yo mantengo tu Palabra ante mis ojos y la guardo en mi corazón, esta será vida y sanación para mí. Cuando me acueste a dormir, no tendré temor, y mi sueño será plácido. Yo creo en esto, y le ordeno al insomnio que me abandone, en el nombre de Jesús [Proverbios 3:21–24; Isaías 57:2].

Cuando hay peligro y temor

Padre, creo que tus ángeles acampan a mi alrededor y me defenden. No temeré, porque tú me has dado autoridad sobre todo el poder del enemigo. En el nombre de Jesús le ordeno al miedo que se marche, y que la paz de Dios guarde mi corazón [Salmos 34:7; Lucas 10:19].

Cuando hay holgazanería

Padre, dame la fortaleza para recuperar mi vitalidad y mi energía. Renuncio a las obras del enemigo en mi vida, y me libero de todas las maldiciones e iniquidades de mi familia y mis ancestros. Me declaro libre de la maldición de la holgazanería, en el nombre de Jesús, Amén [Proverbios 6:6–11].

Cuando hay una aparente derrota

Señor, me apoyo en tu Palabra, convencido de que donde el enemigo tiene pensado derrotarme, tú puedes convertirlo en una victoria. Tú me haces triunfar y obtener la victoria en Cristo Jesús. Gracias por sostenerme durante esta circunstancia. En el nombre de Jesús, amén [Isaías 59:19; Romanos 8:37; 1 Corintios 15:57].

Cuando hay escasez

Padre, me arrepiento de todas las cosas que he hecho o dejado de hacer, y que han ocasionado esta insufciencia que quiere afectar mi vida. Me libero de esta maldición, y pido sabiduría y entendimiento para confar en ti con todo mi ser. Enséñame, Espíritu Santo, a ser un buen mayordomo y a obedecer la Palabra de Dios. Mi Dios es capaz de suplir todas mis necesidades [Filipenses 4:19].

Cuando hay preocupación y ansiedad

Padre, tú has prometido guardar mi corazón y protegerme en tu paz. En el nombre de Jesús, expulso toda preocupación y ansiedad de mi mente y mi corazón. Confío en ti, Señor. Tú no me has dado un espíritu de cobardía. Tú me has dado poder, autoridad, y dominio propio. Gracias por esta promesa, en el nombre de Jesús [Isaías 26:3; Filipenses 4:6–7; 2 Timoteo 1:7].

Cuando hay oposición en su contra

Padre, tu Palabra declara que ninguna arma forjada contra mí prosperará, y que condenarás toda lengua que se levante contra mí. Gracias por este privilegio [Isaías 41:11; 54:17; 2 Corintios 10:4–6].

Cuando hay enfermedad

Padre, tu Palabra declara que tú sanas todas mis enfermedades, y que redimes mi vida de la destrucción. Tú fuiste herido y abatido, y por tu llaga fuimos nosotros curados. Te agradezco por tan inmenso sacrifcio, y creo que he sido sanado en el nombre de Jesús [Salmos 103:1–5; Isaías 53:4–5; Mateo 8:17; Lucas 13:11–13].

Cuando hay falta de fe

Señor, por favor perdona mi incredulidad. Ayúdame a permanecer frme, creyendo en tu Palabra. Porque por fe andamos y no por vista, desde hoy tomo la decisión de andar por fe. Gracias, Espíritu Santo, por tu ayuda mientras aprendo a vivir por fe. En el nombre de Jesús, amén [Mateo 14:31; Romanos 10:17; Gálatas 5:5].

Cuando necesitamos amor

Padre, gracias por tu regalo de amor, porque siendo aún pecadores, Cristo derramó su sangre por nosotros. Gracias por ese maravilloso amor que ha sido vertido en nuestros corazones y que continúa sosteniéndome [Romanos 5:5–9].

Cuando sentimos odio

Señor, perdóname por albergar sentimientos de odio cuando alguien me ofende. Me arrepiento de esta falta, y te pido que tengas misericordia con mis enemigos. Tu Palabra declara que el odio despierta rencillas, pero el amor cubre todas las faltas. Gracias por haber abierto mi entendimiento espiritual, para que yo supiera que tengo autoridad sobre el espíritu de odio, y que no puedo permitir que este me gobierne [Proverbios 10:12].

Cuando hay cansancio y desánimo

Padre, gracias porque tu Palabra declara que tú fortaleces al cansado, y que das fuerzas a los que no tienen ninguna. Cuando estoy cansado, tú me haces remontarme con alas como de águila. Declaro que el desánimo no tendrá dominio sobre mí [Isaías 40:28–31; Hebreos 12:3].

Cuando hay glotonería y falta de autocontrol

Padre, me arrepiento de este hábito de la glotonería. Tu Palabra declara que una persona sin autocontrol es como una ciudad derribada y sin muRomanos Gracias por ayudarme a crear hábitos saludables que glorifquen y honren tu nombre, y me ayuden a sentirme y lucir mejor [Proverbios 23:2; 25:28; Romanos 14:17].

Cuando hay tendencias suicidas

Padre, tú me formaste en el vientre de mi madre con un propósito y un destino defnido. El ladrón no viene sino para hurtar, matar y destruir, pero tú vienes a dar vida en abundancia. Gracias por redimirme de todos mis pecados. Declaro que pertenezco a ti, y que ninguna arma forjada contra mí prosperará. En el nombre de Jesús, ato el espíritu de suicidio y lo expulso de mi vida. Dejo entrar la paz y el amor de Dios en mi corazón. Amén [Isaías 54:17; Juan 10:10].

Contra el amor al dinero

Padre, ayúdame a estar consciente de que tú eres quien provee para satisfacer mis necesidades, y no yo con mi propio esfuerzo o capacidad. Ayúdame a sentirme satisfecho y no ser tentado por el amor al dineRomanos Tu Palabra declara que los que buscan a Jehová no tendrán falta de ningún bien [Salmos 34:10; Hageo 2:8; 1 Timoteo 6:8–10].

Cuando se pierde la esperanza

Señor, gracias por llenarme de esperanza, gozo y paz, para abundar en esperanza por el poder del Espíritu Santo [Romanos 15:13; 1 Tesalonicenses 4:13–16].

Cuando hay deseos carnales

Padre, te agradezco porque el Espíritu Santo me ayuda a vencer todos los deseos de la carne. Me libero de todos los hábitos aprendidos que no te honran. En el nombre de Jesús, llevo cautivo a la obediencia en Cristo todo pensamiento maligno que invade mi mente [2 Corintios 10:5; Gálatas 5:19–21; Efesios 5:3–10].

Cuando hay orgullo

Señor, guarda mi corazón del orgullo, y mis ojos de la altivez y la arrogancia [Isaías 2:11; 16:6–12; Ezequiel 28:17].

Cuando hay vanidad

Padre, aparta mis ojos, que no vean la vanidad, y avívame en tu camino [Salmos 119:37; Eclesiastés 1:4, 17].

Contra el viejo hombre (la naturaleza pecaminosa)

Señor Jesús, gracias por la nueva naturaleza que me has dado. No soy el mismo. Gracias por llenar mi vida de misericordia, benignidad, humildad, mansedumbre y paciencia. Ayúdame a no desear las cosas del pasado. Me rindo a ti Señor, amén [Romanos 6:6; Efesios 4:22–32; Colosenses 3:1–14].

Contra la tibieza

Ayúdame, Padre, a permanecer frme y a ser hallado fel, no tibio, sino entregado completamente al Reino de Dios [1 Corintios 4:2; Apocalipsis 3:16].

Contra los pensamientos impuros

Ayúdame, Espíritu Santo, a guardar mis pensamientos. Porque del corazón salen los malos pensamientos, los homicidios, los adulterios, las fornicaciones, los hurtos, los falsos testimonios, y las blasfemias. Estas cosas contaminan al hombre [Mateo 15:19–20].

Contra el desánimo y la angustia

Padre, en este momento de desánimo y angustia en mi vida, ayúdame a no perder el valor. Mi alma confía en ti, y en la sombra de tus alas me ampararé hasta que pasen los quebrantos [1 Samuel 30:6; Salmos 57:1; Lucas 18:1]).

Contra la corrupción

Padre, te agradezco porque no dejarás que mi vida termine en el sepulcro, ni permitirás que sufra corrupción tu siervo fel [Salmos 16:10, NVI].

Contra la muerte

Gracias, Padre, porque la muerte es devorada en victoria por medio de nuestro Señor Jesucristo. Tenemos la maravillosa promesa de que todo aquel que en él cree, no se perderá, sino que tendrá vida eterna [Juan 3:15; 1 Corintios 15:56–58; Apocalipsis 1:18; 20:14].

Contra la mentira

Señor, protege mi mente de creer en las mentiras del enemigo. Tu Palabra declara que ninguna arma forjada contra mí prosperará, y que condenarás toda lengua que se levante contra mí en juicio [1 Reyes 22:19– 23; Isaías 54:17; Apocalipsis 21:8; 22:15].

Contra las actitudes de envidia, crítica e impaciencia

Señor mío, libra mi corazón de permitir que el yugo de una mala actitud invada mi vida, haciendo que tu bendición se aleje de mí y evitando que la sanación surja prontamente. Permite que la paciencia obre completamente, que yo pueda ser perfecto y cabal, sin que me falte cosa alguna [Isaías 58:8–9; Gálatas 5:19–21; Efesios 4:31; Colosenses 3:5–8; Santiago 1:3–4].

Contra la brujería y sus trabajos

Dios mío, si hay algo adverso en mi vida que sea causado por brujería u ocultismo, bien sea de mi propio pasado o heredado de mis ancestros, me arrepiento de ello en este momento, y te pido que perdones todos mis pecados e iniquidades. Ato todo espíritu demoníaco involucrado, y le ordeno que salga de mi vida y de la vida de mi familia. Libero el poder sanador de Dios, y decreto una restauración completa de todas las cosas de las que el enemigo me ha despojado, en el nombre de Jesús, amén [Éxodo 22:18; Levítico 19:31; 20:6; Deuteronomio 18:10–12; Nahum 3:4].

Contra las profecías falsas

Espíritu Santo, te pido sabiduría y entendimiento para poder diferenciar entre las profecías falsas y las profecías que provienen del Espíritu de Dios. Probaré si los espíritus son de Dios, porque muchos falsos profetas han salido por el mundo. Todo espíritu que confesa que Jesucristo ha venido en carne, es de Dios, y todo espíritu que no confesa que Jesucristo ha venido en carne, no es de Dios, sino que revela el espíritu del anticristo, el cual hemos oído que viene, y que ahora ya está en el mundo [Mateo 7:15–23; 1 Juan 4:1–6; Apocalipsis 16:13, 19–20].

Contra el diablo

Gracias, Padre, porque Jesús venció al diablo en la cruz del Calvario. El diablo no tiene parte en mi vida. El Señor es fel en guardarnos del maligno. El diablo fue arrojado del cielo, y tú me afrmarás y me guardarás del mal [Génesis 3:15; Isaías 27:1; 2 Tesalonicenses 3:3; Apocalipsis 12:7–9].

Contra la idolatría

Señor, tu mandamiento para tus hijos es claro: "No tendrás dioses ajenos delante de mí. No te harás imagen, ni ninguna semejanza de lo que esté arriba en el cielo, ni abajo en la tierra, ni en las aguas debajo de la tierra. No te inclinarás a ellas, ni las honrarás; porque yo soy Jehová tu Dios, fuerte, celoso, que visito la maldad de los padres sobre los hijos hasta la tercera y cuarta generación de los que me aborrecen". Padre, perdónanos si hemos transgredido este mandamiento. Espíritu Santo, ayúdanos a discernir todas las cosas que podrían considerarse ídolos, y que nos despojan de nuestro tiempo y de nuestro amor por ti [Éxodo 20:3–5; 1 Corintios 10:19–20; Apocalipsis 9:20].

Contra el espíritu del error

Padre, tu Espíritu dice claramente que en los postreros tiempos algunos apostatarán de la fe, escuchando a espíritus engañadores y a doctrinas de demonios. Estas doctrinas manan de la hipocresía de mentirosos, cuyas conciencias han sido marcadas con el hierro caliente de sus malas acciones. Ayúdanos a discernir entre el espíritu del error y el espíritu de la verdad [1 Timoteo 4:1–2].

Contra los convenios secretos con la muerte o el diablo

Padre, si en algún momento se ha hecho algún pacto secreto con la muerte o con el diablo contra mi persona o mi linaje, apelo a la sangre de Jesús y anulo todo pacto o convenio que se haya hecho contra nosotros, bien sea en ignorancia o intencionalmente. En el nombre de Jesús, me declaro libre de toda maldición, amén [Isaías 28:17–18].

Contra la tristeza

Gracias, Señor mío, porque tú eres mi fuerza y mi fortaleza. Tú conviertes mi tristeza en alegría. Tú sanas mi espíritu quebrantado. No me entristeceré, porque el gozo del Señor es mi fuerza. Mantendré un corazón alegre, que es como un buen remedio [Nehemías 8:10; Proverbios 17:22].

Sobre los autores

Los doctores John e Iris Delgado han enseñado la Palabra y ofrecido consejería cristiana durante más de treinta y cinco años. Son los fundadores de *Vision International Leadership Network* y de *Crowned With Purpose*. Ambos sienten que ahora más que nunca es el momento de que los creyentes ejerzan su autoridad en Cristo Jesús.

Los esposos Delgado enseñan y ministran la liberación, y la importancia de ayudar a la gente que está deprimida y angustiada a que salga de sus prisiones espirituales. Frecuentemente conducen seminarios y organizan reuniones especiales en Estados Unidos y otros países.

La doctora Iris Delgado es la presidenta de *Vision International University of Florida*, con alcance en Estados Unidos y otros países, un ministerio que adiestra a líderes cristianos para la obra del reino alrededor del mundo.

Ambos obtuvieron su doctorado en el ministerio y en consejería cristiana en la *Vision International University* en California.

Correo electrónico:

info@crownedwithpurpose.com
www.crownedwithpurpose.com www.viu.cc